Katrin Behrend

Katzen

richtig pflegen und verstehen

Experten-Rat für die artgerechte Haltung

Mit Farbfotos von Monika Wegler und anderen Katzenfotografen
Zeichnungen: György Jankovics

GU GRÄFE UND UNZER

Inhalt

Zum Bild auf dem Innentitel: Trotz aller Spannung vollkommen gelöst – so kann nur eine Katze daliegen.

Vorwort

Katzen, diese unvergleichlichen Geschöpfe, fordern immer wieder zu Liebeserklärungen heraus. Wer läßt sich nicht anrühren von der Anmut ihrer Bewegungen, ihrem Zärtlichkeitsbedürfnis, der Weichheit ihres Fells oder dem zufriedenen Schnurren, mit dem Mieze sich in den Schoß »ihres« Menschen kuschelt. Noch vieles mehr ist an der Katze bewundernswert, doch lernt man es nur dann kennen, wenn man ihr ein Leben bietet, das ihren Ansprüchen und Verhaltensweisen gerecht wird.
Worauf es bei einer artgerechten Haltung, vor allem in der Wohnung, ankommt, sagt Ihnen in diesem neuen GU Heimtier-Ratgeber die Katzen-Expertin Katrin Behrend. Sie gibt Tips und Ratschläge für Anschaffung und Ausstattung, die richtige Ernährung, die Gesunderhaltung oder was zu tun ist, wenn die Katze mal krank ist. Und sie erklärt, wie man sich verhält, wenn eine Katze einmal nicht stubenrein ist. Spannend zu lesen sind ihre Ausführungen über die »Katzensprache«, die jedem Katzenliebhaber sein Tier noch näher bringt. Die übersichtlichen, leicht verständlichen Anleitungen sind auch für Kinder, die ihr Tier selbst versorgen, mühelos nachvollziehbar.
Bezaubernde Farbfotos von Fotografen, die selbst von Katzen »besessen« sind, und informative Zeichnungen vermitteln ein lebendiges Bild dieses Tiers, das seit 3500 Jahren nichts von seiner Faszination verloren hat.
Viel Freude mit Ihrer Katze wünschen Ihnen die Autorin und die GU Naturbuch-Redaktion.

Die Katze gilt als Symbol der Freiheit, und das nicht erst seit der Französischen Revolution. Kein anderes Haustier hat sich aus seiner wilden Vergangenheit soviel Selbstbestimmung, Unabhängigkeit und Willensfreiheit bewahrt. Darüber sollten Sie sich im Zusammenleben mit Katzen im klaren sein.

Beachten Sie bitte die »Wichtigen Hinweise« auf Seite 63!

Ratschläge für die Anschaffung

Wie einen Löffel kann die Katze ihre lange, bewegliche Zunge formen und damit den Napf voll Milch flink leer schlecken.

Mit Katzen leben

Zur Vorstellung, mit einer Katze zu leben, gehört der Widerspruch. In einer Sammlung von Kinderaufsätzen ist diese Erkenntnis sehr treffend auf den Punkt gebracht. Während eine Zwölfjährige ihre Katze zärtlich als den geheimnisvollen Hügel unter der Bettdecke beschreibt, fürchtet sich die andere vor ihr, weil sie spät nachts herumschleicht, schauerlich wie ein Gespenst heult und die Leute zu Tode erschreckt.

Auch das ist eine Katze: Eben noch ganz sanftes Tier mit weichem, glänzendem Fell, Samtpfoten, zierlichen Bewegungen, hingebungsvollem Schnurren und anschmiegsamem Wesen, zeigt sie sich kurze Zeit darauf zurückhaltend, auf Distanz gehend, unabhängig von den Gefühlen, die ihr der Mensch entgegenbringt.

Die Katze ist eben das eine und das andere, ein kompliziertes Geschöpf mit vielfältigen Verhaltensmustern, ihren wildlebenden Verwandten noch so nahe wie kein anderes unserer Haustiere. Auch wenn eine Katze ihre eigenen Wege geht, möchte sie die Menschen in ihrem Revier nicht missen. Genau das ist es, was so viele im Zusammenleben mit Katzen fasziniert, dieses Wechselspiel von Annäherung und Zurückhaltung, die Unabhängigkeit, die sich diese Tiere über die Jahrtausende ihrer Domestikation bewahrt haben.

Zehn Fragen zuvor

1 Sind Sie bereit, 15 bis 20 Jahre für Ihre Katze zu sorgen? So alt kann das Tier nämlich werden.

2 Ertragen Sie die unvermeidlichen Katzenhaare auf Teppich oder Couch oder Kratzspuren an Tapeten oder Möbeln?

3 Ärgern Sie sich, wenn Ihre Katze auf den Teppich erbricht, Katzenstreu verteilt oder um ihren Napf herum »dreckelt«? Das sind alles normale kätzische Verhaltensweisen.

4 Können Sie sich damit abfinden, daß Katzen sich nicht wie Hunde erziehen lassen, überhaupt sehr eigenwillig sind?

5 Sind Sie bereit, falls Ihre Katze nur in der Wohnung lebt, so viel Abwechslung und Beschäftigung zu bieten, daß damit der mangelnde Auslauf ins Freie ausgeglichen wird?

6 Leben bei Ihnen noch andere Haustiere (zum Beispiel Hamster oder Meerschweinchen, → Seite 24), mit denen sich eine Katze oftmals nicht verstehen würde?

7 Was machen Sie mit der Katze während Ihrer Ferien?

8 Ist Ihnen klar, daß eine Katze regelmäßig geimpft werden muß, und daß das zusätzlich zur Ernährung und Haltung (zum Beispiel für Katzenstreu, Kratzbrett und Fertigfutter) Geld kostet?

9 Haben Sie Rücksprache mit Vermieter und Nachbarn gehalten? Da die derzeitige Rechtsprechung so kompliziert ist, kann sie hier auf kleinem Raum nicht abgehandelt werden. Ich möchte

Seidenweich ist das Fell der Perserkatze.

<u>Zum Bild:</u>
Katzen und Kinder. Gerade im Umgang mit einer Katze lernen Kinder, die Persönlichkeit des Tiers zu respektieren. Dabei sollten die Eltern verständnisvoll und helfend eingreifen und dafür sorgen, daß die Bedürfnisse der Katze erfüllt werden.

Mit einer Katze leben heißt auch ihre Sprache verstehen lernen. Zum Beispiel rechtzeitig an ihrem Gesichtsausdruck erkennen, daß man etwas tut, was ihr nicht paßt. Sonst macht man womöglich schmerzhafte Bekanntschaft mit ihren Krallen.

Ihnen deshalb nur dringend empfehlen, die Einigung mit dem Vermieter, den Mitmietern und den Grundstücksnachbarn vor der Anschaffung herbeizuführen, da die sich häufenden diesbezüglichen Rechtsstreitigkeiten mehr als unerquicklich sind und ein Zusammenleben für halbwegs empfindsame Menschen letztlich unmöglich machen, auch dann, wenn der Prozeß nach Jahren gewonnen wird.

10 Sind Sie oder ein anderes Familienmitglied allergisch gegen Katzenhaare? Menschen mit einer Tierhaarallergie sollten keine Katzen halten.

Haus- oder Rassekatze?

Katzen sind, gleich welcher Herkunft, eigentlich immer wunderschön. Da bedarf es keines Stammbaums, keiner sorgfältigen Elternauswahl, um dennoch prächtige Tiere mit bernsteingelben oder seegrünen Augen und einem interessant gemusterten Fell hervorzubringen. Wem es also nur um das Geschöpf Katze geht, dem kann die Unterscheidung Haus- oder Rassekatze herzlich egal sein.

Als Hauskatze bezeichnet man alle »gewöhnlichen« Katzen, die nach keinen Regeln gezüchtet wurden. Sie können in allen Fellfarben daherkommen, rundlich oder schlank sein, temperamentvoll oder besinnlich – kurzum, nur Ihre Vorlieben zählen.

Eine Rassekatze ist das Ergebnis langjährigen Zuchtbemühens. Systematische Katzenzucht wird weltweit seit etwa hundert Jahren betrieben (→ Katzenrassen, Seite 43), und für so ein Tier muß man schon einige hundert Mark hinlegen. Im Wesen unterscheiden sich die verschiedenen Rassen weniger voneinander, als man das beispielsweise bei Hunden kennt. Allgemein läßt sich jedoch sagen, daß Perser ruhiger sind als die unternehmungslustigen Siamesen. Dafür müssen Sie einer Langhaarkatze für die Fellpflege mehr Zeit opfern.

Woher Sie die Katze Ihrer Wahl bekommen

Hauskatzen

- Bei Freunden und Nachbarn;
- in der Zeitung unter der Rubrik »Tiermarkt«;
- in Tierheimen.

Rassekatzen

- In Zoofachgeschäften oder in den Zoofachabteilungen großer Kaufhäuser. Mittlerweile werden dort auch Geschenk-Schecks im Wert von maximal 300 Mark angeboten; sie haben den Vorteil, daß Tiere nicht überstürzt gekauft werden und der Empfänger es sich noch einmal gründlich überlegen kann, ob er überhaupt eines geschenkt bekommen möchte.
- Beim Züchter. Zu erfragen über den nächstgelegenen Edelkatzenzüchterverband (im Telefonbuch nachsehen; → Adressen, Seite 60).
- Auf Katzenausstellungen.

Mit hocherhobenem Schwanz und vorgerecktem Kopf begrüßt die Katze »ihren« Menschen. Dabei schnurrt sie und möchte sofort gestreichelt werden.

Kater oder Katze?
Geschlechtsspezifische Wesensmerkmale im Verhalten mir gegenüber habe ich an meinen Katzen nicht beobachten können. Nachdem mein Kater gestorben war und meine Burmakatze Nina um den Gefährten sichtlich trauerte, nahm ich diesmal ein weibliches Kätzchen. Matilda ist vielleicht nicht ganz so verschmust wie ihr Vorgänger, aber genauso draufgängerisch und keck die Auseinandersetzung suchend.
Vorher überlegen:
Eine Katze wird zwischen dem 6. und 12. Lebensmonat geschlechtsreif und dann zwei- bis dreimal im Jahr rollig, das heißt zur Paarung bereit. Hat sie freien Auslauf, kann sie ebenso viele Male Junge bekommen. In der Wohnung hingegen, wo sie normalerweise auf keinen Kater trifft, kann sie eine Dauerrolligkeit entwickeln.
Ein Kater wird im Alter von neun Monaten geschlechtsreif und markiert dann sein Revier, indem er überall Urin herumspritzt. In der Wohnung stinkt das fürchterlich.
Mein Tip: Wenn Sie das Tier kastrieren lassen, werden diese Probleme von vornherein vermieden (→ Seite 18).

Geschlechtsbestimmung: Beim Kater ist der Abstand zwischen After und Geschlechtsöffnung größer als bei der Katze. Die Geschlechtsöffnung selbst ist beim Männchen rund, beim Weibchen länglich (→ Zeichnung).

Einzeltier oder Katzenpärchen?
Es kommt darauf an, wieviel Zeit Sie Ihrer Katze widmen können. Zwei Katzen haben auf jeden Fall weniger Langeweile. Selbst in der Wohnung machen sie nur unwesentlich mehr Arbeit als eine. Wenn es klappt mit der Freundschaft, halten sich zwei Katzen gegenseitig in Bewegung, spielen und

Schon bei der jungen Katze (links) ist deutlich zu erkennen, daß der Abstand zwischen After und Geschlechtsöffnung kleiner ist als beim Kater (rechts).

schmusen miteinander oder bekämpfen sich. Deswegen lassen sie »ihren« Menschen nicht links liegen. Matilda erhebt sich jeden Morgen von ihrem Schlafplätzchen, um mich nach dem Aufstehen zu begrüßen. Nina gibt mir bereitwillig »Küßchen«, wenn ich ihr die Wange hinhalte.
Möglich sind
- zwei Geschwister aus einem Wurf,
- eine ältere und eine junge Katze,
- zwei erwachsene Katzen; für sie braucht man viel Fingerspitzengefühl, um sie aneinander zu gewöhnen, und genügend Platz in der Wohnung, damit jede ihr eigenes Revier abstecken kann (→ Die Wohnungskatze, Seite 18).

Das Alter der Katze
Bei der Anschaffung sollte das Kätzchen wenigstens acht Wochen, besser noch zwölf Wochen alt sein. Bis dahin hat es von seiner Mutter die wichtigen Dinge wie Sauberkeit (unerläßlich für eine Stubenkatze) oder die erfolgreiche Mäusejagd (wünschenswert für die Katze im Garten oder auf dem Lande) gelernt und ist genügend selbständig,

Nicht von ungefähr kommt die Redensart, daß Katzen neun Leben haben. Es ist immer wieder verblüffend, aus wieviel gefährlichen Situationen sie oft heil herauskommen. Ausschließlich darauf verlassen sollte man sich allerdings nicht und Gefahren besser vorher beseitigen (→ Seite 19).

Kartäuser

Türkische Van-Katze

Havanna Braun

Birma Seal-Point

Maine-Coone rotgestromt

Abessinier

Zu den Bildern: *Verschiedene Halblanghaar- und Kurzhaarkatzen. Vor allem auf Ausstellungen kann der Katzenfreund die Vielfalt der Rassen bewundern. Diese unterscheiden sich übrigens im Wesen weniger voneinander, als man das beispielsweise von Hunden sagen kann.*

Maine-Coone Braun-Tabby

Siam Chocolate Tabby-Point

Der wie eine Höhle geformte Katzenkorb kann gleichzei tig als Transportkorb für die Reise und den Tierarztbesuch verwendet werden.

um sich in einer neuen Gegend zurechtzufinden. Meine Hauskatze Matilda ist mir allerdings schon mit sechs Wochen in den Schoß gefallen. Sie überraschte mit großer »Seelenstärke«, weinte nicht hinter Mutter und Geschwistern her, kletterte eifrig ins Katzenklo und nahm die fremde Umgebung an, sozusagen ohne mit den Schnurrhaaren zu zucken.

Versorgung im Urlaub

Verschiedene Lösungen sind denkbar.
Zu Hause lassen: Katzen fühlen sich in ihrer heimischen Umgebung am wohlsten. Ein- bis zweimal am Tag brauchen sie eine Pflegeperson, die ihnen zu fressen gibt, das Katzenklo säubert und auch genügend Zeit hat zum Schmusen und Spielen. Bitten Sie Freunde oder Nachbarn, diese Aufgabe zu übernehmen. Manchmal bieten auch sogenannte Catsitter ihre Dienste in den Kleinanzeigen der Zeitungen an.
Mitnehmen: Sie können Ihre Katze auch an das Reisen gewöhnen. Ein ständig wechselnder Urlaubsort wäre für das Tier allerdings eine zu große Belastung. Aber in immer dasselbe Ferienhaus fährt sie liebend gerne mit, noch dazu, wenn sie dort, im Unterschied zur Stadtwohnung, den Auslauf ins Freie genießen kann. Meiner Erfahrung nach geht das gut, solange man die nötigen Verhaltensmaßregeln beachtet (→ Die frei laufende Katze, Seite 23).
Im Auto sollten Sie die Katze nur dann aus ihrem Transportkorb lassen, wenn sie ruhig auf ihrem Platz sitzen bleibt. Aufpassen beim Öffnen von Fenstern und Türen und auf alle Fälle an die Katzenleine nehmen. Wenn die Reise länger dauert, etwa sechs Stunden davor und während der Fahrt nichts mehr zu fressen geben, damit die Verdauung eingeschränkt ist. Außerdem tut die Reiseaufregung, wie ich beobachten konnte, ein übriges. Nina hält es bis zu zehn Stunden ohne ihr Klo aus. Aber da ich hier keine Norm aufstellen möchte, rate ich Ihnen, eine Plastikschale mit Katzenstreu parat zu haben. Bei großer Hitze wird die Katze, wenn auch nur spärlich, Wasser trinken.
Denken Sie daran, daß Sie für den Grenzübertritt den Impfpaß brauchen. Informationen bekommen Sie bei Ihrem Tierarzt oder dem zuständigen Veterinäramt (im Telefonbuch nachsehen).
In Pflege geben: Zu Freunden geben ist die weniger große Belastung. Eine Katzenpension sollte man sich vorher ansehen und ausführlich mit dem

»Köpfchen« gibt die Katze, wenn sie um Zärtlichkeit wirbt. Sie reibt sich dann an dem Partner, den sie mag, an der Hand des Menschen oder auch an der Schnauze ihres Hundefreundes.

Betreuer sprechen. Dort werden alle Schutzimpfungen verlangt (→ Seite 30). Erkundigen Sie sich auch bei den Tierheimen. Das Tierheim in München zum Beispiel führt eine Kartei für private Urlaubspflegeplätze.

Was die Katze alles braucht

Der Katzenkorb
Ihr mit weichen, waschbaren Kissen oder Decken gepolstertes Körbchen möchte eine Katze nicht missen. Am besten eignet sich der wie eine Höhle geformte Korb mit Gittertür, den es in allen Zoofachgeschäften zu kaufen gibt. Er sollte an einem zugfreien, warmen Ort aufgestellt werden und dort stehenbleiben.
Tip: Sie können ihn auch als Transportkorb für die Reise und den Tierarztbesuch verwenden.

Ein einfaches Katzenhäuschen läßt sich auch selbst herstellen. Vorteil: Es kann leicht und preiswert erneuert werden, wenn es schmutzig ist.
Anleitung
- Einen festen Pappkarton, in dem sich die Katze bequem ausstrecken kann, auf allen Seiten zukleben.
- Eine oder auch zwei runde Öffnungen hineinschneiden, Durchmesser etwa 20 cm.
- Von außen mit Teppichresten oder Tapeten verkleben, damit es schöner aussieht.
- Mit Kissen oder Decken auslegen.

Allerdings steht das schönste Körbchen, das gemütlichste Häuschen nutzlos herum, wenn Ihre Katze es sich in den Kopf gesetzt hat, auf dem Kopfkissen der Tochter oder dem Lieblingssessel des Vaters zu ruhen. Dabei legt sie eine solche Hartnäckigkeit an den Tag, daß man ihr diese Marotte kaum abgewöhnen kann. Sie hat eben den Hang, ihre eigenen Wege zu gehen. Dafür müssen Sie als Katzenhalter Verständnis zeigen.

Das Katzenklo
Auf das Katzenklo können Sie nicht verzichten, selbst wenn Ihre Katze Auslauf ins Freie hat. Gartenbesitzer reagieren zu Recht sehr unwirsch, wenn das Tier sich gerade ihr gepflegtes Blumen- oder Gemüsebeet als Klo auserwählt (→ Das Heim erster Ordnung, Seite 54). Katzenklos werden im Zoofachhandel in verschiedenen Ausführungen angeboten.
Einfache Plastikwanne: 42 x 32 x 9 cm. Auch zum Reisen geeignet.
Plastikwanne mit aufgesetztem Rand: 50 x 38 x 14 cm. Aus ihr kann beim Herumscharren die Katzenstreu nicht so leicht herausfliegen.
Katzenklohaus mit Schublade: 52 x 36 x 37 cm. Am saubersten, da es Katzen gibt, die im Stehen urinieren.
Katzenstreu: Sie ist geruchbindend und muß natürlich garantiert asbestfrei sein (auf den Hinweis achten!). In den Packungen zwischen 7 und 20 kg erhältlich. Seit neuestem wird im Zoofachhandel biologische Katzenstreu angeboten, die umweltfreundlich ist und auf den Komposthaufen geschüttet werden kann. Eine gute Idee, vor allem, wenn Sie viel Katzenstreu verbrauchen.

Kletterbaum und Kratzbrett
Katzen müssen ihre Krallen schärfen. Damit sie sich nicht an Ihren Tapeten, Teppichen oder Polstermöbeln vergreifen, brauchen sie einen Kratzbaum oder ein Kratzbrett. Das gilt vor allem für die Wohnungskatze. Dennoch rate ich Ihnen, auch einer Katze, die ins

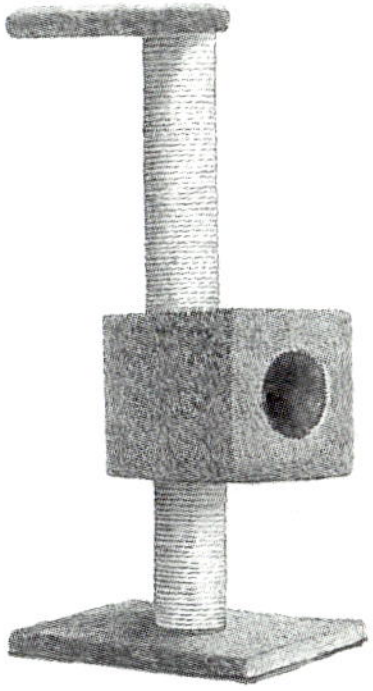

Dieser praktische Kletterbaum, den es im Zoofachhandel zu kaufen gibt, lädt zum Herumturnen, Krallenwetzen und Kuscheln in der Wohnhöhle ein.

Tatzenhiebe als Vorgeplänkel.

Zur Abwehr in der Rückenlage.

Freie kann und dort einen Baumstamm zum Krallenschärfen findet, ein Kratzbrett anzubieten.
Kratzbaum: Meistens ist er zum Kletter- und Wohnbaum erweitert. Der Stamm ist mit Sisalhanf umwickelt, verschieden hohe Sitzflächen und Kuschelhöhlen laden zum Klettern, Sitzen und Herumhangeln ein (der Zoofachhandel bietet einige Varianten an). Zwei Katzen können hier wunderbar spielen. Der Kratzbaum muß standfest sein und wird am besten mit Winkelhakeneisen an Fußboden und Wand oder Decke befestigt.
Mein Tip: Halten Sie bei Ihrem nächsten Waldspaziergang Ausschau nach einem gefällten Baum. Vielleicht bietet sich ein schön verzweigter, kräftiger Ast an, den Sie zu einem Katzenkletterbaum umfunktionieren können.

Kratzbrett: Es ist mit grobem Sisalhanf bespannt und wird so hoch an den Türpfosten genagelt, daß sich die Katze daran aufrichten kann.
Mein Tip: Begnügen Sie sich nicht mit einem leichten Kratzteppich oder einer Kratzpappe, weil Ihnen diese im Moment preiswerter erscheinen. Es lohnt sich nicht; die Katze hat sie im Nu zerschlissen und macht sich dann doch wieder über Ihre Möbel her. Wenn Sie sparen wollen, bekleben Sie leere, gut gereinigte Waschpulvertrommeln mit alten Teppichbodenresten. Die sind gleichzeitig ideale Verstecke.

Futter- und Trinknäpfe
Sie sollten möglichst schwer und standfest sein, am besten aus glasiertem Ton oder Porzellan (im Zoofachhandel erhältlich). Bei leichten Näpfen, zum Beispiel aus Plastik, kann es passieren,

Jetzt den Angriff wagen.

daß Sie von dem Geräusch eines buchstäblich durch die Wohnung »geschleckten« Freßnapfs aus dem Schlaf gerissen werden. Das hängt ganz vom Temperament Ihrer Katze ab.
Gebraucht werden zwei oder auch drei Näpfe: einer für Frischfutter, einer für Trockenfutter und einer für Wasser.

Katzengras
Katzen, und da ganz besonders Langhaarkatzen, brauchen »Grünzeug«, wahrscheinlich, um die beim Putzen verschluckten Haare wieder zu erbrechen. Wohnungskatzen machen sich mit Vorliebe über die Zimmerpflanzen her und haben vor allem das Zypergras *(Cyperus alternifolius)* zum Fressen gern. Da es eine ganze Reihe von Pflanzen gibt, die für Katzen giftig sind (→ Was einer Katze alles passieren kann, Seite 19), liegt es auf der Hand, daß sie möglichst nicht daran knabbern. Gewöhnen Sie Ihre Katze also an das für sie bestimmte Gras, das Sie im Blumentopf selber ziehen können. Kästchen mit eingesätem Gras gibt es im Zoofachhandel zu kaufen.
Katzenminze oder auch Cat-nip (*Nepeta cataria*): Sie enthält ein ätherisches Öl, dessen Duft Katzen in höchstes Wohlbefinden versetzt. Bekannt ist Katzenhaltern diese Wirkung schon seit Jahrhunderten. Die Tiere geraten regelrecht aus dem Häuschen, schnüffeln an der Pflanze, lecken und kauen mit wachsender Begeisterung daran, beißen hinein, reiben Wange und Kinn, schnurren laut und vollführen Luftsprünge. Dieser Zustand dauert zwischen fünf und fünfzehn Minuten und ist für Katzen weder von Nutzen, noch gereicht er ihnen zum Schaden. Die Pflanze können Sie in Ihrem Garten

Zu den Bildern:
Spielerische Balgerei. Nichts anderes als das Einüben späterer Verhaltensweisen sind die Spiele junger Kätzchen: Anschleichen, Lauern, Verfolgen, Haschen, Beißen und der Sprung auf die Beute.

ziehen, wenn sie dort nicht schon wild wächst. Den Extrakt gibt es im Zoofachhandel zu kaufen zum Besprühen von Spieldingen oder Kauknochen. Baldrian hat übrigens einen ähnlichen Effekt.

Kamm und Bürste für die Fellpflege
Kurzhaarkatzen müssen nur zur Zeit des Haarwechsels gebürstet werden, damit sie nicht zu viele abgestorbene Haare verschlucken. Langhaarkatzen hingegen brauchen eine regelmäßige Fellpflege, sonst verfilzt ihr Haar, und das Kämmen wird zur Quälerei.
Und das ist notwendig:
Für Kurz- und Langhaarkatzen
1 halbrunde Bürste mit festen, aber nicht zu harten Naturborsten oder Noppen.
Zusätzlich nur für Langhaarkatzen
1 Metallkamm mit groben Zähnen
1 Metallkamm mit feinen Zähnen
1 Trennmesser zur Entfernung von Fellknoten
1 Wildledertuch, das dem Fell den letzten Glanz gibt.

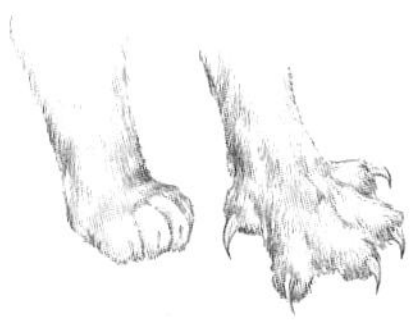

An den Vorderpfoten besitzt die Katze kleine Hauttaschen, in die sie ihre Krallen einziehen kann. Dadurch bleiben sie immer nadelspitz.

Katzenspielzeug
Vor allem Wohnungskatzen, die nicht mehr ihren natürlichen Gewohnheiten des Jagens und Spielens mit der Beute nachgehen können, brauchen Spielzeug. Im Zoofachhandel findet sich ein beachtliches Angebot von Mäuschen in allen Variationen, Bällchen mit und ohne Glöckchen, Kauknochen und vielem anderem. Leere Garnrollen, Wollknäuel, Korken, Dächer aus Zeitungspapier, leere Kartons tun es aber auch. Im Erfinden von Spielzeug sind Ihrer Phantasie und der Ihrer Katze keine Grenzen gesetzt.

Die Katzenleine
Katzen sind keine Hunde, die man an der Leine »Gassi« führen kann. Es ist jedoch auf keinen Fall falsch, eine junge Katze an die Leine zu gewöhnen. Manchmal erweist es sich als nützlich, zum Beispiel beim Gang zum Tierarzt oder auf der Reise (→ Versorgung im Urlaub, Seite 10).
Am praktischsten ist das Katzengeschirr, das um Brust und Bauch führt und die Katze nicht zu würgen droht, wenn sie sich gegen das Geführtwerden sperrt. Ein einfaches Halsband mit Adreßanhänger für Katzen, die ohne Aufsicht ihre Umgebung erkunden, sollte einen Gummizug haben, damit sie sich beim Hängenbleiben nicht strangulieren.

Katzen haben das natürliche Bedürfnis, ihre Krallen zu wetzen. In der freien Natur finden sie dafür einen Baumstamm, zu Hause brauchen sie ein Kratzbrett.

Das Leben mit der Katze

Erstmal ist alles neu
Die Wahl ist getroffen, und Sie möchten die Katze nach Hause bringen. Am besten eignet sich dafür der Katzenkorb (→ Seite 11), der auf diese Weise ganz harmonisch zur ersten Zufluchtsstätte im neuen Heim wird. Zu Hause stellen Sie den Korb auf seinen Platz, öffnen das Türchen und geben dem Tier Gelegenheit, sich an all das Neue zu gewöhnen. Bedenken Sie, daß ein junges Kätzchen sich erst einmal von dem Schock der Trennung von Mutter und Geschwistern erholen muß. Für eine ältere Katze, die Sie vielleicht aus dem Tierheim bekommen haben, müssen Sie noch mehr Fingerspitzengefühl aufbringen. Lassen Sie ihr auf alle Fälle Zeit und Ruhe, die neue Umgebung mit allen Sinnen aufzunehmen, stellen Sie ein bißchen von ihrem Lieblingsfutter zurecht, über das Sie sich vorher informiert haben, und üben Sie sich in Geduld. Bald wird das Kätzchen sich neugierig hervorwagen und sein Heim in Augenschein nehmen. Vorsichtig auf dem Bauch kriechend schleicht es an den Wänden entlang, versteckt sich unter Sofa, Sessel und Schrank und darf dort auch nicht hervorgezogen oder gar mit dem Besen herausgestochert werden. Gescheiter ist es, leise mit ihm zu reden und dabei recht oft seinen Namen zu wiederholen.

Eingewöhnen je nach Typ
Die Kecke
Sie hat am wenigsten Schwierigkeiten. Vielleicht wird sie es so wie mein Kater Morellino machen, der mir schon unter seinen Geschwistern als frech wie Oskar aufgefallen war. Er stürmte wie ein Eroberer die Wohnung und nahm in wilder Hatz von sämtlichen Räumlichkeiten Besitz. Selbst das Fauchen von Nina, die schon seit fünf Jahren das Revier beherrschte, konnte ihn nicht weiter schrecken.

Zum Tragen setzen Sie sich die Katze am besten in die Armbeuge, so daß die Hinterbeine gestützt sind, und halten sie mit der anderen Hand fest.

Die Schüchterne
Sie ist von Natur aus zurückhaltend und geht dem Menschen aus Vorsicht aus dem Weg. Lassen Sie sie sich erst einmal an ein Zimmer gewöhnen, und locken Sie sie mit Leckereien, auf die sie besonders scharf ist. Wenn sie sie aus Ihrer Hand holt, ist der Bann gebrochen. Solche Katzen werden besonders anhänglich an »ihren« Menschen, bleiben aber immer scheu gegenüber anderen.

Die Ängstliche

Sie hat schon schlechte Erfahrungen mit Menschen gemacht. Versuchen Sie herauszufinden, wovor sie Angst hat. Das können Bewegungen, Geräusche, viel Trubel in der Familie oder andere Haustiere sein, zum Beispiel Hunde oder Papageien. Üben Sie keinen Zwang aus, und lassen Sie der Katze immer den Rückzug in ein Versteck. Sie braucht viel Ruhe und darf nicht erschreckt werden durch unvermitteltes Auf-sie-Zukommen. Das würde sie nur noch scheuer machen.

Die Wilde

Dieser Ratschlag richtet sich an diejenigen, die eine Findelkatze aufgenommen haben und nicht wissen, was sie durchgemacht hat. Vielleicht mußte sie sich allein durchschlagen und hat die Eigenarten von wildlebenden Katzen angenommen. Freiheitsliebend wie sie ist, gewöhnt sie sich nur schwer an den Menschen. Stellen Sie ihr regelmäßig zu fressen hin, greifen Sie nicht nach ihr, und legen Sie ein gleichmäßiges Verhalten an den Tag, damit sie weiß, was sie von Ihnen zu halten hat.

Katzenheim auf dem Heuboden.

Sauberkeit

Eine Katze ist von Natur aus sauber, macht ihr Geschäft gerne an einem unbeobachteten Ort und möchte es möglichst spurenlos verscharren. Dies alles kommt den Wünschen des Menschen nach Reinlichkeit in der Wohnung entgegen. Allerdings muß er nun für die Voraussetzungen sorgen.

Platz für das Katzenklo: Toilette, Bad, ruhiger, geschützter Ort.

Sauberhaltung: Katzenstreu 3 bis 4 cm hoch einstreuen. Täglich Kot und feuchte Streu mit einem Schäufelchen herausnehmen und etwas frische Streu nachschütten. Einmal pro Woche (im allgemeinen genügt das) sämtliche Katzenstreu in eine Plastiktüte füllen und auf den Müll tragen. Nicht in die Toilette schütten! Katzenklo mit heißem Wasser ausspülen und trockenwischen. Kein Spül- oder Desinfektionsmittel benützen, weil Katzen das nicht riechen können und womöglich ihr Klo verschmähen. Frische Streu einfüllen.

Hinweis: Wenn zwei Katzen das Klo benützen, haben sie eine regere Verdauung. Sie müssen also entweder öfter die Einstreu wechseln oder gleich von vornherein ein weiteres Katzenklo aufstellen.

Ausguck vom Dach.

Die Katze ist nicht sauber

Hinterläßt eine Katze immer wieder außerhalb des Klos ihre Spuren, kann das mehrere Gründe haben.

- Sie ist verhaltensgestört. Dann ist leider Hopfen und Malz verloren.
- Es liegt am Katzenklo. Wechseln Sie, der Reihe nach, den Standort, das Klo selbst, die Einstreu, die Höhe der Einstreu und den Rhythmus des Streuwechsels.
- Die Katze hat Liebesgefühle. Männchen und Weibchen spritzen überallhin, um Partner anzulocken. Nach der Kastration hört das von selbst auf.
- Die Katze ist irritiert. Sie bemüht sich, mit ihrem Geruch den Besitz, der zum Beispiel durch neue Möbel, neue Menschen für sie in Gefahr geraten ist, zu verteidigen. Versuchen Sie, ihr Selbstbewußtsein durch viel Zuwendung zu stärken, ihr aber gleichzeitig den »Pinkelplatz« zu vermiesen. Decken Sie ihn nach der Reinigung mit Kernseife und Wasser oder Essigwasser zum Beispiel mit einer glatten Kunststoffolie ab, und besprühen Sie ihn mit Melissen- oder Zitronenöl, ein Geruch, den fast jede

Zu den Bildern:
Zu Hause und doch frei. Auf dem Bauernhof sucht sich die Katze ihr Heim in Stall und Heuboden. Auch der Garten, die Wiese und Wege um den Bauernhof gehören noch zu ihrem »persönlichen Besitz«.

Katze haßt. Schimpfen, Schreien oder gar ihr Näschen hineinstupsen, wie man es bei Hunden macht, würden überhaupt nichts nützen und Ihre Katze nur noch mehr verstören.
Hinweis: Keine ammoniakhaltigen Reinigungsmittel verwenden! Sie haben urinähnliche Geruchsstoffe, die die Katze erst recht dazu bringen, ihren Eigenduft erneut an der gerade gereinigten Stelle zu hinterlassen.

Das Katzenklohaus mit Schublade ist am saubersten und empfiehlt sich vor allen dann, wenn Ihre Katze im Stehen uriniert.

Kastrieren

Dieser Eingriff, so selbstherrlich er uns auch erscheinen mag, wird dann notwendig, wenn Sie es in Ihrer gepflegten Wohnung mit einem dauernd markierenden Kater zu tun haben oder Ihre Katze fast ständig rollig ist und Ihnen mit ihren klagenden Rufen die Nachtruhe raubt (→ Kater oder Katze?, Seite 7). Die Operation wird in Narkose vom Tierarzt vorgenommen. Danach kann das Tier meist mit nach Hause genommen werden. Lassen Sie es an seinem gewohnten warmen Plätzchen die Nachwirkungen der Betäubung ausschlafen und achten Sie darauf, daß es nicht gleich zu irgendwelchen Kletterpartien herausgefordert wird. Von einer besonderen Pflege weiß ich im übrigen nichts.
Der Kater wird im Alter zwischen acht und zehn Monaten, nachdem er die Geschlechtsreife erreicht hat, kastriert. Dabei werden die Hoden entfernt.
Die Katze wird nach der ersten Rolligkeit (→ Seite 36) kastriert. Dieser Zeitpunkt liegt zwischen dem 6. und 12. Lebensmonat. Ein späterer ist natürlich auch möglich, beispielsweise nachdem sie einmal geworfen hat. Bei ihr werden die Eierstöcke entfernt. Da der Schnitt zugenäht wird, muß man mit ihr nach acht Tagen noch einmal zum Tierarzt, der dann die Fäden zieht.
Sterilisation: Durch sie werden Kater und Katze nur unfruchtbar gemacht, das heißt Samen- beziehungsweise Eileiter abgebunden. Bei diesem Eingriff bleibt der Geschlechtstrieb mit seinen jeweiligen unangenehmen Nebenerscheinungen (Harnspritzen, Schreien, Unruhe, Streunen) erhalten, was zwar dem Artverhalten der Katze entgegenkommt, vor allem aber in der Wohnungshaltung zu keinerlei Entspannung führt.
Die Pille: Empfiehlt sich nur für Zuchtkatzen, die zwischendurch nicht rollig werden sollen. Über längere Zeit sollte man sie nicht geben, da das der Gebärmutter schadet.

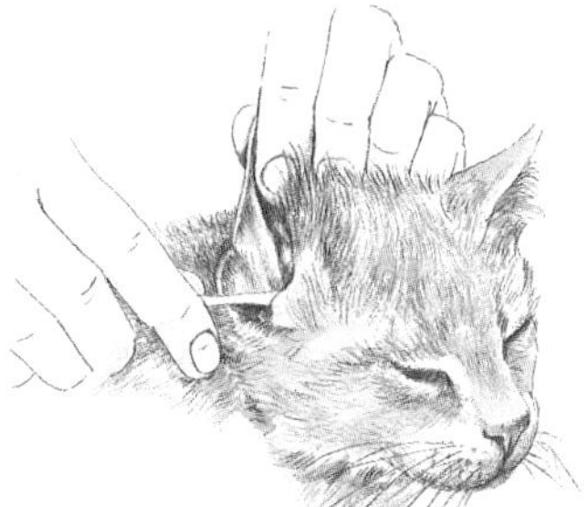

Einmal wöchentlich sollte man die äußeren Teile der Ohren säubern. Benützen Sie dazu mit Öl getränkte Wattestäbchen. Dunkle Klümpchen weisen auf Ohrmilbenbefall hin und erfordern die Behandlung durch den Tierarzt.

Die Wohnungskatze

Selbstverständlich zieht eine Katze das Herumstreunen in der Natur dem Eingesperrtsein in der Wohnung vor. Aber wenn sie von klein auf daran gewöhnt ist, bedeutet für sie die Wohnung genauso Revier wie die freie Wildbahn. Wichtig für sie ist, trotz aller Eigenständigkeit, die enge Beziehung zu »ihrem« Menschen oder zu einer anderen Katze, die mit ihr das Revier teilen. Im übrigen überträgt sie das Verhalten, das man bei ihr im Freien beobachten kann, auf die kleinste Wohnung.

Was einer Katze alles passieren kann

Gefahr	Gefahrenquelle	Vermeiden der Gefahr
Abstürzen	Balkon, offene Fenster	mit Draht- oder Nylonnetz sichern
Einklemmen	Türen	nicht unbedacht öffnen und schließen
	Kippfenster	geschlossen halten oder den Zwischenraum mit Nylonnetz sichern
	kunstvoll geschnitzte Stühle	einfache, glatte Stühle bevorzugen
	hinter und unter Schränken	kleine Kätzchen nicht ohne Aufsicht lassen
Erschießen	Jägern ist gesetzlich erlaubt, Katzen, die 200 m vom nächsten Haus entfernt frei herumlaufen, abzuschießen	kaum vermeidbar; mit dem Jäger reden
Ersticken	Plastiktüten, in die die Katze hineinkriecht und sich verfängt	nicht herumliegen lassen
	Schubladen, in denen sie sich versteckt und eingesperrt wird	nicht offenstehen lassen
Überfahren	Auto, Motorrad, landwirtschaftliche Maschinen	grundsätzlich nicht vermeidbar; Garten absichern; Streunen durch Kastration verringern
Verbrennen	Herdplatten	mit Deckeln (im Handel erhältlich) abdecken
	Bügeleisen	abschalten, bevor man Raum verläßt
	Stövchen	nicht unbeaufsichtigt lassen
	Kerzen	aufpassen, Katze kann erschrecken und sie umwerfen
	Zigaretten	brennende Zigaretten und Kippen nicht herumliegen lassen
Verletzen	Nähnadeln, in die die Katze tritt oder die sie verschluckt	nicht herumliegen lassen
	Gummiringe	nicht herumliegen lassen
	Hunde	nicht vermeidbar
	Stacheldrähte	nicht vermeidbar
Vergiften	Pflanzen (sehr viele! Zum Beispiel Alpenveilchen, Azalee, Dieffenbachie, Efeu, Maiglöckchen, Narzissen, Nelken, Weihnachtsstern); beim Blumenhändler nachfragen oder in der Fachliteratur nachschlagen	im allgemeinen sind Katzen so instinktsicher, daß sie nur an ungiftigen Pflanzen knabbern; unerfahrenen Katzen sollte man den Zugang verwehren
	Wasch- und Putzmittel, Chemikalien	alles, was Kindern gefährlich ist, gilt auch für Kätzchen, also wegschließen

Erst mit der Schnauze bohren.

Dann mit der Pfote nachhelfen.

Das »Heim erster Ordnung« (→ Seite 54) ist der ruhende Pol in ihrem Leben. Dafür wählt sie sich ein ganzes Zimmer aus, vielleicht aber auch nur ein bevorzugtes Plätzchen. Sie besitzt es am liebsten allein, teilt es aber auch ab und zu mit ihren jeweiligen Partnern. Meine Katzen verhalten sich da ganz verschieden. Nina, eine sehr zierliche Katze, findet auf dem schmalen Heizkörper in der Küche ihr gerade richtiges Plätzchen, auf das ihr auch niemand anderer folgen kann. Morellino suchte sich meinen Schreibtischstuhl aus und war nicht gekränkt, wenn ich mich vorne auf die Kante dazusetzte. Matilda wiederum hüpft am liebsten oben auf den Küchenschrank. Von dort hat sie eine gute Aussicht.

Das »Heim zweiter Ordnung« (→ Das Revier, Seite 55) ist die übrige Wohnung, in der die Katze umherstreift, spielt, sich mit anderen Bewohnern trifft oder Schlupfwinkel aufsucht. Offensichtlich gibt es sogar Reviergrenzen, auf denen die eine Katze der anderen Wege recht einräumt. In diesem Fall begrüßen sich die beiden mit Nasenkontrolle und hochgestelltem Schwanz.

Umzug: Dabei muß die Katze sich an ein neues Revier gewöhnen. Machen Sie es ihr leicht, indem Sie

- das Tier in einem vorher leer geräumten Zimmer zusammen mit ihren vertrauten Sachen (Körbchen, Klo) halten, bis der Umzugstrubel vorbei ist,
- dann mit ihr in die neue Wohnung fahren,
- sie dort wieder (mit ihren Sachen) in ein noch leeres Zimmer setzen,
- nachdem die Wohnung eingeräumt ist, die Katze zum neuen Platz ihres Katzenklos führen
- und sie in aller Ruhe und mit viel gutem Zureden die ungewohnte Umgebung erkunden lassen.

Das Spiel mit der Katze

Eine Katze, die einzeln in der Wohnung gehalten wird, empfindet tödliche Langeweile. Als Jägerin ist sie mit allen ihren Sinnen gefordert. Die liegen nun brach, würde sie den ganzen Tag nur faul herumliegen. Beschäftigen Sie sich also mit Ihrer Katze, spielen Sie mit ihr Verstecken und Nachlaufen, ziehen Sie ein Mäuschen am Bindfaden hinter sich her, oder werfen Sie Bällchen aus Zeitungspapier, weil das so schön knistert. Wenn Matilda mir es mal wieder zeigen

Schon ist der Deckel gelüpft.

Zu den Bildern:
Die Katze läßt das Mausen nicht. Wenn sie sich etwas in den Kopf gesetzt hat, wird mit Ausdauer und Geduld das Ziel verfolgt. Daß sie hier Verbotenes tut, ist ihr nicht ohne weiteres klarzumachen.

will, gräbt sie aus dem Wollkorb ein Knäuel heraus und wickelt es kreuz und quer durch die ganze Wohnung ab. Und wenn ich es dann, leise vor mich hin maulend, wieder aufwickle, kann sie noch einmal nach dem immer kürzer werdenden Faden haschen.

Zwei Katzen

Das Leben mit zwei Katzen ist keinesfalls anstrengender und mit mehr Arbeit verbunden als mit einer. Miteinander haben sie weniger Langeweile, schmusen und lecken sich gegenseitig, bekämpfen sich aber auch. Da können dann schon mal die Fetzen fliegen.
Geschwister aus einem Wurf verstehen sich von Anfang an. Bei einem echten Pärchen müssen Sie sich lediglich vorher im klaren sein, daß es bis zu dreimal im Jahr Katzennachwuchs gibt. Abhilfe schafft das Kastrieren.
Eine ältere Katze, die schon länger das Revier besetzt, und ein Katzenkind können auch aneinander gewöhnt werden. Sie dürfen nur nicht die Rechte der

Pflege

	Was die Katze selber tut	Was der Mensch tun muß
Fell	Sie wäscht ihr Fell gründlich und ausdauernd mit der Zunge	Kurzhaarkatzen zur Zeit des Haarwechsels bürsten; Langhaarkatzen täglich kämmen und bürsten, sonst verfilzen ihre Haare zu sehr.
Krallen	Sie wetzt die Krallen hingebungsvoll an Baumstämmen oder Kratzbrettern	Ein- bis zweimal pro Jahr mit einer Spezialzange (im Zoofachhandel erhältlich) nur die nicht durchbluteten Krallenspitzen schneiden.
Zähne	Sie nutzt ihre Zähne zum Zerreißen von Fleischbrocken, zum Abnagen und Zerkauen von Knochen	Für entsprechende Ernährung sorgen, kleinere Knochen zum Zerkauen oder Büffelhautknochen (Zoofachhandel) geben; sonst Gefahr der Zahnsteinbildung. Falls Zahnstein doch auftritt, vom Tierarzt entfernen lassen.

Spieldinge wie ein solches Fellmäuschen gibt es im Zoofachhandel zu kaufen. Das Wollknäuel hat jeder zu Hause.

Alteingesessenen zugunsten des süßen Neuankömmlings beschneiden. Also keine Streicheleinheit weniger, getrennte Freßnäpfe und, wenn nötig, auch getrennte Katzenklos.
Zwei älteren Katzen muß man sehr viel Platz einräumen, damit sie sich gegenseitig aus dem Weg gehen können. Verteilen Sie Ihre Zuneigung ganz gerecht, aber seien Sie auch nicht enttäuscht, wenn sich die beiden zeitlebens nicht anfreunden.

Katzenerziehung

Eine Katze läßt sich nicht erziehen, eher geht man mit ihr einen Pakt ein, der auf Gegenseitigkeit beruht. Man könnte auch sagen, die Katze erzieht Sie, damit Sie das unterlassen, was sie in Versuchung führt oder ihr nicht paßt.

Auf den Namen hören: Sagen Sie Ihrem Kätzchen beim Streicheln, Füttern oder anderen angenehmen Dingen immer wieder seinen Namen vor. Es wird ihn sich sehr bald merken und auf Ruf angetrabt kommen, vor allem, wenn es etwas Gutes zu fressen gibt.
Kratzen: Da Sie sicher nicht wollen, daß die Katze sich an Ihren Tapeten, Teppichen oder Polstermöbeln vergreift, müssen Sie ihr das Kratzen am dafür vorgesehenen Kratzmöbel beibringen. Sobald sie damit an einer verbotenen Stelle anfängt, tragen Sie sie mit einem bestimmt geäußerten »Nein!« zum Kratzbrett, richten sie daran auf und führen die Pfoten auf und ab. Kratzen Sie auch mit Ihren Fingernägeln, denn durch das Geräusch wird die Katze neugierig und versucht es ihrerseits. Es liegt

an Ihrer Ausdauer, daß die Katze sich letztendlich dazu bequemt, dort zu kratzen, wo Sie es wollen.

Schlafen im Bett: Wenn Sie prinzipiell etwas gegen Tiere im Bett haben, müssen Sie die Schlafzimmertür zuschließen. Sonst läßt sich die Katze nicht von diesem gemütlichsten aller Plätzchen vertreiben.

Viele Stunden am Tag schleckt, putzt und säubert die Katze ihr Fell. Sie schützt sich damit nicht nur vor Schmutz und Krankheit, sondern beseitigt Fremdgerüche oder baut Spannungen ab. Man nennt das Verdrängungs-Putzen.

Betteln: Nicht jede Katze bettelt, doch wenn sie nun schon diese lästige Angewohnheit hat, läßt sie sich das Betteln während der Mahlzeiten nicht gänzlich abgewöhnen. Keine meiner Katzen bettelt so zum Steinerweichen wie Nina, und ich muß sie regelrecht in die Küche zu ihrem eigenen Freßnapf sperren. Der sollte dann natürlich gefüllt sein. Vom Eßtisch herunter sollte man ein Tier prinzipiell nicht füttern.

Stehlen: Auch das ist nicht jeder Katze zu eigen. Aber wenn sie stiehlt, ist es ihr nicht gänzlich auszutreiben, schon gar nicht mit Geschrei und Klapsen. Meine erste Katze Miou-Miou war eine unverbesserliche Diebin. Sie öffnete nicht nur jede Tür, sondern »hob« auch jeden Deckel vom Topf, es sei denn, er war zu schwer oder verschraubt. Wenn ich sie in flagranti erwischte, waren ihr mein Händeklatschen, mein strenges »Nein!« natürlich unangenehm, doch lernfähig war sie in dieser Hinsicht nicht. Deswegen mein Rat, einfach nichts Eßbares herumliegen und keine Töpfe offenstehen lassen.

An der Leine führen: Mit etwa drei Monaten gewöhnt man das Kätzchen langsam an das Tragen eines Geschirrs (→ Die Katzenleine, Seite 14). Sich erst einmal von ihm führen lassen, bis auch es dort geht, wo man will.

Die frei laufende Katze

Lassen Sie Ihre Katze erst nach draußen, wenn sie im Haus ganz heimisch geworden ist, und bleiben Sie in ihrer Nähe, solange das Tier vorsichtig auf dem Bauch kriechend und jeden Grashalm, jedes Steinchen sorgfältig beschnuppernd die Gegend erkundet. Doch wird die Katze dieses neue Terrain rasch als ihr Revier mit Beschlag belegen. Sorgen Sie dafür, daß sie sich zurückziehen kann, sobald sie vor irgend etwas erschrickt. Normalerweise wird sie das in den Bereich tun, der ihr schon vertraut ist.

Im Spiel üben Kätzchen alle lebensnotwendigen Verhaltensweisen und Bewegungsabläufe ein. Sie brauchen sie, um ihrem »Beruf« als Jägerin nachzugehen.

Gewöhnung an andere Haustiere

Tierart	geht gut	geht nur bedingt oder nicht gut
Hund	2 junge Tiere, die von klein auf zusammen gehalten wurden; erwachsener Hund und junge Katze	erwachsene Katze und junger Hund
Meerschweinchen und Hamster		werden als Beutetiere gejagt
Zwergkaninchen		werden herumgejagt und können böse verletzt werden
Wellensittiche, Kanarienvögel		können gefressen werden
Papageien, größere Sittiche		werden eifersüchtig und verletzen Katze mit ihren Schnäbeln oder die Katze sie

Durch diese Klapptür kann die Katze selbständig aus- und eingehen. Sie läßt sich diebessicher zum Beispiel in die Kellertür einbauen.

Katzentür: Sehr zu empfehlen! Durch sie kann die Katze jederzeit das Haus verlassen und wieder ins Haus gelangen. Der Zoofachhandel bietet die verschiedensten Modelle an, die sich diebessicher in Türen und neuerdings auch in Fenster einbauen lassen.
Sicherung des Gartens: Machen Sie es Ihrer Katze nicht allzu einfach, den Garten zu verlassen, weil das oft tödlich enden kann. Möglich ist es mit einem 2 m hohen Gartenzaun aus Maschendraht, der oben nach innen geknickt ist, damit die Katze nicht darüberklettern kann. Hohe Bäume dürfen nicht in der Nähe stehen. Reden Sie vorher mit Ihrem Nachbarn darüber.
Mein Tip: Lassen Sie Ihr Tier kastrieren, dann streunt es kaum und ist im ganzen häuslicher.

Tätowieren: Leider ist der Diebstahl von Katzen für Versuchslabore eine traurige Tatsache. Am sichersten schützen Sie Ihr Tier vor solch gewissenlosen Leuten mit einer Tätowierung. Sie wird vom Tierarzt in Narkose mit der Pistole oder Zange an der Ohrinnenseite vorgenommen. Der Tätowierungscode ist leicht zu entschlüsseln.
Linkes Ohr: Landkreis und Jahreszahl.
Rechtes Ohr: Tierarzt und laufende Tätowierungsnummer.
Aber erst die Eintragung ins Haustierregister beim Deutschen Tierschutzbund rundet den Schutz ab (→ Adressen, Seite 60). Die meisten Tierversuchs institute haben sich verpflichtet, tätowierte Tiere zurückzuweisen oder umgehend zu melden.

Der schnelle Zungenschlag ist manchmal ein Zeichen von Irritation.

Die Ernährung

Wenigstens zwei Näpfe gehören zur Katzenausstattung – einer für Futter und einer für Wasser.

Katzen sind Raubtiere. Diese natürliche Veranlagung ging ihnen bei der Entwicklung zum Haustier nicht verloren. Ihr Organismus ist der Lebensweise in der freien Natur angepaßt. Dort ernähren sie sich von Fleisch und finden in ihren mit Haut und Haaren verspeisten Beutetieren – Mäusen, kleinen Nagern, auch Eidechsen und Insekten – das Nötige vor: hochkonzentrierte Nahrung aus Muskelfleisch, Leber, Knochen, Innereien, dazu pflanzliche und mineralische Stoffe aus Magen- und Darminhalt. Frisches Wasser und bestimmte Gräser runden ihren Speiseplan ab. Die Verdauung wird von den in den Beutetieren enthaltenen Ballaststoffen wie Fell und Knochen geregelt. Katzen, die nicht auf Mäusefang gehen, müssen also angemessen gefüttert werden. Allgemeinverbindliche Regeln aufzustellen ist da gar nicht so einfach, und die Frage, ob man seine Katzen ausschließlich mit Fertigfutter ernähren soll oder ob nichts über Frischkost geht, wird wohl nie eine endgültige Antwort finden.

Ich habe Hunger! Laut schnurrend streicht die Katze um »ihren« Menschen und legt bettelnd den Schwanz um seine Beine.

Fertigfutter

Wenigstens darüber sind sich die Fachleute einig: Fertigfutter enthält alles, was eine Katze zur gesunden Ernährung braucht. Es ist immer bereit, lagerfähig und praktisch für Reisen. Der Gehalt an Eiweiß, Fett, Kohlehydraten, Vitaminen und Spurenelementen ist etwa der Nährstoffzusammensetzung des Beutetiers angepaßt.

Allerdings ist heutzutage auch bei Katzenfutter der »kritische Verbraucherblick« notwendig. Seriöse Hersteller achten zwar darauf, daß nur hochwertige Zutaten verarbeitet werden, aber »schwarze Schafe«, die es nicht so genau nehmen, gibt es leider auch.

Futter aus der Dose, wie es mittlerweile überall zu kaufen gibt, ist Vollwertnahrung und in den verschiedensten Geschmacksrichtungen erhältlich. Mit Kaninchen, Huhn, Thunfisch, Rind, Leber und vielem anderen können Sie den Speisezettel der Katze recht abwechslungsreich gestalten.

Trockenfutter ist auch eine speziell für Katzen zusammengestellte Vollwertnahrung, nur ist ihm im Gegensatz zum Dosenfutter gänzlich das Wasser entzogen. Katzen müssen viel trinken, wenn sie damit ernährt werden, und deshalb immer ein Schälchen mit frischem Wasser vorfinden. Etwas Hartes zu kauen, ist sicherlich gut für die Zähne, dennoch sollte dieses Knabberfutter nur sparsam als Zusatznahrung angeboten werden. Die mit Trockenfutter ernährten Katzen trinken zwar mehr als solche, die Feuchtfutter aufnehmen (→ Das richtige Getränk, Seite 28), doch reicht die Wassermenge oft nicht aus, um den Feuchtigkeitsentzug auf die Dauer auszugleichen. Besonders kastrierte Kater, die zu Blasengrieß und der tödlich verlaufenden Harnverhaltung neigen, würden darunter leiden.

Selbstbereitetes Futter

Eine Abwechslung zur Dosennahrung ist selbstbereitetes Futter allemal. Doch dabei müssen Sie sich um die Ausgewogenheit der Nährstoffe kümmern, denn eine einseitige Ernährung nur mit Fleisch könnte zu Mangelerscheinungen führen. Bloß mit Leber füttern kann sogar eine Vitamin-A-Vergiftung

Gras ist wichtig für Katzen, wahrscheinlich, um die beim Putzen verschluckten Haare wieder zu erbrechen. Man kann es im Blumentopf leicht selber ziehen.

Speiseplan

Das sollte er enthalten:	Auf was zu achten ist:
Muskelfleisch von Pferd, Kaninchen, Hühnern und Puten (von ihnen auch Herz und Magen), Schaf, Wild, Rind und Schwein für den Eiweißbedarf	Rind- und Schweinefleisch nur gekocht verfüttern wegen Gefahr der Krankheitsübertragung (Aujeszkysche Krankheit, Toxoplasmose, Würmer);
Innereien wie Leber, Nieren, Milz und Herz enthalten viele Vitamine	Innereien kochen; Nieren vorher gut wässern; rohe Leber führt ab, gekochte stopft;
Knochen zum Daran-Herum-knabbern	nicht zu große und keine Geflügelknochen, da sie splittern und sich zwischen den Zähnen oder im Schlund einspießen können;
Fisch, zum Beispiel Rotbarschfilet	nur gekocht und entgrätet; einmal in der Woche, sonst stinken Katzen zu sehr danach;
Käse, zum Beispiel Quark und milder Hartkäse	ein Teelöffel unters selbstbereitete Futter mischen oder fein gehobelt darüberstreuen;
Eigelb	roh, zwei- bis dreimal pro Woche; kein Eiweiß, da es das Vitamin B in der Nahrung zerstört;
Kartoffeln, Reis, Gemüse, Haferflocken	wenig und gekocht unter das selbstbereitete Futter mischen;
Vitamine und Mineralstoffpräparate (im Zoofachhandel)	regelmäßig.

Ein Teller voll Milch ist Nahrung – kein Getränk.

Zu den Bildern: Katzenfutter. *Eine ausgewogene Mischung aus Futter aus der Dose und Frischkost wird jede Katze gern annehmen, wenn man sie von klein an daran gewöhnt hat.*

zur Folge haben. Mit Hilfe einer Nährwerttabelle läßt sich die richtige Zusammenstellung jedoch bewältigen. Am besten ist, Sie füttern so abwechslungsreich wie möglich, reichen mal Fleisch, mal Innereien, mal Dosenfutter und reichern zum Beispiel mit Käse, Eigelb, Gemüse, Haferflocken, Vitaminen und Mineralstoffpräparaten an.

Das richtige Getränk

Katzen sind keine Weltmeister im Trinken. Im allgemeinen können sie aus der Nahrung so viel Flüssigkeit nehmen, daß ihr Bedarf weitgehend gedeckt ist. Wasser ist das richtige Getränk für sie. Manche schlabbern Abgestandenes aus Pfützen oder Gießkannen. Diese Angewohnheit sollte Sie aber nicht dazu verleiten, auf den stets frisch gefüllten Wassernapf zu verzichten. Jede Katze hat so ihre Marotte. Meine schlecken ihre Ration am liebsten vom Badewannenboden oder direkt am Wasserhahn.

Milch ist Nahrung – kein Getränk! Sie enthält viele Nährstoffe, zum Beispiel Eiweiß und Kalzium, und ist besonders wertvoll für die säugende Katze sowie die jungen Kätzchen. Kuhmilch hat allerdings eine andere Zusammensetzung als die Milch der Mutterkatze, weshalb manche Katzen sie nicht vertragen und Durchfall davon bekommen. Reichen Sie in diesem Fall keine Milch, denn es nützt auch nichts, sie mit Wasser zu verdünnen. Grundsätzlich ist Milch als Getränk gegen den Durst nicht geeignet.

Zwölf goldene Fütterungsregeln

1 Regelmäßig zur selben Zeit füttern. Katzen stellen sich darauf ein.

2 Nicht den Teller volladen, weil die Nahrung sonst zu lange herumsteht.

3 Zu jeder Mahlzeit eine frische Portion reichen. Übriggelassenes nicht wieder unter das nächste Futter mischen, sondern die neue Portion etwas kleiner bemessen.

4 Nichts direkt aus dem Kühlschrank reichen.

5 Vielseitig und abwechslungsreich füttern, damit die Katze nicht zu einem verwöhnten Esser erzogen wird.

6 Sich auf Bettelei außerhalb der Fütterungszeiten nicht einlassen; Katzen können dabei eine geradezu steinerweichende Beharrlichkeit entwickeln.

7 Übergewichtige Katzen nicht auf

Nulldiät setzen, sondern lieber auf »Friß die Hälfte«.

8 Reste vom eigenen Essen schaden nicht, sollten aber auch nicht zur Gewohnheit werden. Sie dürfen nur nicht zu scharf gewürzt, zu salzig oder gezuckert sein.

9 Den Futternapf zu jeder Mahlzeit nur mit heißem Wasser auswaschen. Kein Reinigungsmittel verwenden!

10 Katzen mit Auslauf nicht nur zu trinken geben, sondern ihnen auch ausreichend zu fressen hinstellen. Nicht immer fängt sie genügend Mäuse, um satt zu werden.

11 Hundefutter ist auf Dauer für Katzen nicht geeignet, da es viel weniger Eiweiß enthält.

12 Katzen vegetarisch ernähren zu wollen, grenzt an Tierversuche. Sie sind an tierisches Eiweiß gewöhnt und würden Mangelerscheinungen erleiden.

Soviel Dosenfutter sollten Sie pro Tag reichen:

Alter oder Gewicht	Fütterungen pro Tag	Menge
Jungtiere 7–12 Wochen	5	90 g
Halberwachsene 3–6 Monate 1,5 kg	2	140 g
Erwachsene ab 7 Monate etwa 4 kg	2	340 g
Alte über 10 Jahre	3–4	200 g
Tragende Katze	2	360 g
Säugende Katze	3–4	450 g
Aktive Deckkater	1–2	400 g
Kastrierte Katzen	1–2	250 g

Fertigfutter, mit Hüttenkäse angereichert.

Wenn die Katze krank ist

Katzenhaltern sagt man nach, daß sie gesünder leben als andere Menschen. Vielleicht ist es der freundschaftliche Umgang mit der Katze, das Streicheln und Liebkosen, das dem Menschen hilft, Streß abzubauen.

Katzen eilt der Ruf voraus, daß sie zäh, abgehärtet und widerstandsfähiger gegen Krankheiten sind als viele andere Tiere. Sie können, wenn sie richtig ernährt, gut gepflegt und liebevoll gehalten werden und ihnen sonst nichts zustößt, vierzehn bis fünfzehn, manchmal sogar zwanzig Jahre alt werden. So gibt es sicherlich eine ganze Menge Katzenhalter, die gar nicht wissen, was das ist: eine kranke Katze.

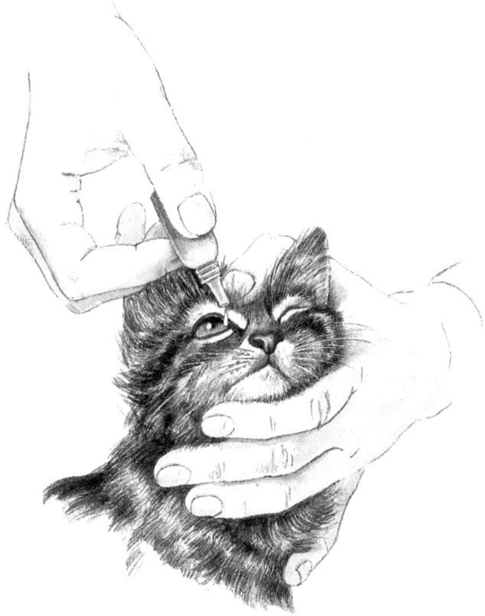

Beim Einträufeln von Augentropfen hält man den Kopf der Katze so fest, daß man mit dem Daumen das Lid nach oben ziehen kann. Das Auge nicht mit der Pipette berühren.

Eine gesunde Katze ist

- lebhaft, neugierig, verspielt und putzt sich, wenn sie dem Babyalter entwachsen ist, regelmäßig und ausgiebig;

außerdem hat sie

- ein dichtes, glänzendes Fell,
- klare Augen,
- saubere Ohren (auch innen),
- vollständige Zähne ohne Belag,
- rosiges Zahnfleisch ohne üblen Geruch,
- einen geformten weichen und dunklen Kot,
- gelben und klaren Urin.

Wichtig: Für die Gesunderhaltung sind außerdem ein paar Vorbeugungsmaßnahmen notwendig.
Eine kranke Katze sitzt lustlos herum, frißt nicht und kratzt sich womöglich dauernd. Einen Überblick über die Gesundheitsstörungen der Katze finden Sie auf den Seiten 58/59.

Schutzimpfungen
Sie sind die wichtigste und wertvollste vorbeugende Gesundheitsmaßnahme für Ihre Katze, selbst wenn sie sich nur in der Wohnung aufhält und mit keiner anderen Katze in Berührung kommt.
Eine Katze, die nicht geimpft ist, kann Infektionskrankheiten bekommen, die meistens tödlich sind. Zum Impfen muß das Tier gesund und parasitenfrei sein. Vor der Impfung eine Kotprobe zum Tierarzt bringen. Schutzimpfungen, die immer vom Tierarzt ausgeführt werden müssen, sind notwendig gegen

- Katzenseuche.
- Katzenschnupfen. Die Impfung immunisiert nur gegen bestimmte Erreger und ist damit bloß eingeschränkt wirksam. Nachweis wird meist von Katzenpensionen verlangt.

- Tollwut. Sie ist auf den Menschen übertragbar. Frei laufende Katzen müssen auf jeden Fall geimpft werden. Für Auslandsreisen und Katzenausstellungen ist die Schutzimpfung vorgeschrieben.
- Katzenleukämie oder Katzenleukose. Eine inzwischen weltweit verbreitete schleichende Infektionskrankheit. Wird von einem Tier auf das andere übertragen, zum Beispiel durch Speichel und Urin. Nachweisbar durch den sogenannten ELISA-Test, den Deckkater-Besitzer verlangen.

Wichtig: Der Tierarzt trägt alle Impfungen in einen Impfpaß ein und vermerkt gleichzeitig, welche Impfung wann wieder fällig ist. Sich daran halten, ist wichtig!

Hinweis: Gegen einige Krankheiten, zum Beispiel Aujeszkysche Krankheit und FIV (»Katzen-Aids«), gibt es leider noch keine Impfung. Sie verlaufen meistens tödlich für die Katze. Auf den Menschen sind sie nicht übertragbar!

Entwurmung

Junge Katzen haben meistens dann keine Würmer, wenn auch ihre Mütter wurmfrei sind. Doch letztlich kann dies nur der Tierarzt feststellen, wenn Sie ihm anläßlich der Impfung eine Kotprobe mitbringen. Wenn nötig, wird er dann eine Wurmkur vornehmen (Präparate in Pasten- oder Tablettenform). Frei laufende Katzen infizieren sich immer wieder mit Würmern, sei es durch Artgenossen, durch Flöhe und Läuse, über den Boden oder das Wasser, durch den Genuß von rohem Rind- und Schweinefleisch oder Fisch (→ Speiseplan, Seite 27). Diese Katzen sollten regelmäßig alle drei bis sechs Monate entwurmt werden. Es ist wichtig, sich genau an die Anweisungen des Tierarztes zu halten.

Krankheiten, die auf den Menschen übertragbar sind

Es gibt eine Reihe von Krankheitserregern, die Mensch und Katze befallen können, doch muß Sie dieses Thema

Ein Halsband gegen Ungeziefer sollte die frei laufende Katze auf jeden Fall tragen.

Impfplan

	Lebensalter	Katzenseuche	Katzenschnupfen	Leukose	Tollwut	FIP
Grund-immuni-sierung	9. Woche	*	*	*		
	12. Woche	*	*	*	*	
	16. Woche					*
	19. Woche					*
	nach 1 Jahr	*	*	*	*	*
	nach 2 Jahren		*	*	*	*
	nach 3 Jahren	*	*	*	*	*
	nach 4 Jahren		*	*	*	*

Wichtig: Impfungen werden nicht sofort wirksam. Es dauert etwa 1 bis 2 Wochen, bis der Impfschutz eintritt.

Wie man an die Milch rankommt?

Ganz einfach: Die Pfote hineinstecken...

keineswegs über die Maßen beunruhigen. Eine Wohnungskatze, die geimpft ist und nur Gekochtes oder Fertigfutter frißt, fängt selten Erreger auf, die auch für Sie gefährlich werden können. Das gleiche gilt für die im Freien lebende Katze, die ja anfälliger für Infektionen und Parasiten ist. Solange Sie die notwendigen Vorbeugemaßnahmen und hygienischen Regeln beachten, müssen Sie sich vor einer eventuellen Ansteckung durch Ihr Tier nicht fürchten.
Tollwut: Dagegen muß jede Katze, die ins Freie kommt, geimpft werden.
Toxoplasmose: Sie ist für den Menschen vor allem gefährlich während einer Schwangerschaft, da das ungeborene Kind schwere Schäden an Gehirn und Augen davontragen kann. Frauen sollten deshalb zu Beginn der Schwangerschaft zweimal im Abstand von sechs Wochen ihr Blut auf Toxoplasmose untersuchen lassen. Von ihrer Katze muß sich eine werdende Mutter deswegen nicht gleich trennen, jedoch das Streicheln und Liebkosen möglichst unterlassen.
Mikrosporie: Sie wird durch einen Hautpilz verursacht und äußert sich in Haarausfall und Juckreiz. Behandlung durch den Tierarzt. Gegen Wiederansteckung Schlafkörbchen, Kamm, Bürste und Spielzeug immer wieder desinfizieren oder wegwerfen.
Spulwürmer: Dagegen schützt regelmäßige Entwurmung.
Flöhe, Milben, Zecken (→ Zeichnung, Seite 34): Dagegen hilft das Anlegen eines Ungezieferhalsbandes. Behandlung mit Puder oder Waschlotion (in Apotheken nachfragen oder sich vom Tierarzt verschreiben lassen). Bei Flohbefall gründlich vor allem unter Teppichen und Bodenbelägen, in Fugen und Ritzen saugen; dort können Flöhe bis zu vier Monate überleben. Bei

und ablecken.

Danach muß Katzenwäsche sein.

Milbenbefall alle Orte, wo Katzen sich aufhalten (Körbchen, Sofa und andere), gründlich desinfizieren.

Der Gang zum Tierarzt

Gerade weil Sie mit Ihrer Katze regelmäßig zum Tierarzt gehen – wegen der Wiederholungsimpfung, zum Kastrieren, zu kurzen Gesundheitskontrollen –, sollte Ihnen die Wahl des Arztes nicht gleichgültig sein. Er muß natürlich ein Katzenfreund sein und Verständnis für die Eigenart dieser Tiere haben. Inzwischen haben Sie auch herausgefunden, ob Ihre Katze eine geduldige oder kratzbürstige Patientin ist. Sie tragen sie in ihrem Korb in die Praxis und lassen sie im Wartezimmer möglichst nicht heraus. Schildern Sie die Krankheitssymptome so genau wie möglich. Es entsteht ein ganz verkehrtes Bild, wenn Sie verdrehen, übertreiben oder verniedlichen.

Hilfreich ist folgende Frageliste:
- Wie frißt Ihre Katze?
- Hat sie Durchfall oder Verstopfung?
- Erbricht sie mehr als gewöhnlich?
- Verhält sie sich plötzlich anders, zum Beispiel teilnahmslos; vernachlässigt sie ihre Körperpflege, ist sie unsauber?
- Trinkt sie mehr als sonst?
- Kratzt sie sich viel, zum Beispiel auch am Ohr, und schüttelt sie ständig den Kopf?
- Hustet sie mit langgestrecktem Hals?
- Ist sie über die Maßen abgemagert?

Der Tierarzt wird kurze und präzise Antworten schätzen, sich seinerseits aber Zeit nehmen, um zu einer richtigen Diagnose zu kommen. Schließlich hat er es mit einem Lebewesen zu tun, das nicht selbst für sich sprechen kann. Bringen Sie auf alle Fälle auch eine Kotprobe mit (das Katzenklo dafür mit einer Lage Küchenpapier auslegen), und vergessen Sie nicht den Impfpaß.

Zu den Bildern: Naschkatze. Das Stehlen vom Tisch kann man einer Katze nicht gänzlich abgewöhnen. Wer da keinen Spaß versteht, sollte lieber nichts offen herumstehen oder -liegen lassen.

Der Umgang mit der kranken Katze

Reden Sie bei allem, was Sie mit der Katze vornehmen, beruhigend auf sie ein, und streicheln Sie sie immer wieder zwischendurch.
Begeben Sie sich mit Ihrer Katze auf die gleiche Ebene, das heißt, hocken Sie sich zu ihr auf den Boden, oder setzen Sie sie vor sich auf den Tisch.
Beim Verarzten der Katze schützt ein Badetuch, das Sie ihr behutsam um Brust und Hals schlingen, vor Kratzern.
Zum Pilleneingeben den Kopf mit der einen Hand sacht, aber mit etwas Druck hinter den Zähnen fassen. Wenn die Katze dadurch unwillkürlich das Mäulchen öffnet, die Pille oder Tablette mit der anderen Hand so weit wie möglich in den Rachen schieben und danach den Hals magenwärts massieren, bis Sie eine Schluckbewegung spüren.
Tropfen am besten mit einer Einwegspritze (ohne Nadel!) seitlich hinter den Backenzähnen in den Mund träufeln. Nicht in kräftigem Strahl einspritzen, da sich die Katze sonst verschlucken kann. Oder tropfen Sie das Medikament auf ihre Pfote, denn meistens leckt sie diese sofort sauber.
Das Krankenlager (flacher Karton oder Korb) an einen ruhigen vertrauten Ort stellen.
Trinken sollte Ihre Katze, und zwar viel. Bei einer Reihe von Krankheiten (Durchfall, Erbrechen) ist eine ständige Flüssigkeitszufuhr wichtiger als Fressen.
Die Anweisungen des Tierarztes befolgen, die Dosierungen einhalten, auch wenn die Krankheitssymptome schon nach der Hälfte der vorgeschriebenen Behandlungsdauer abgeklungen sind. Und geben Sie Ihrer Katze niemals Medikamente, die für den Menschen bestimmt sind, es sei denn, der Tierarzt hat sie verschrieben.

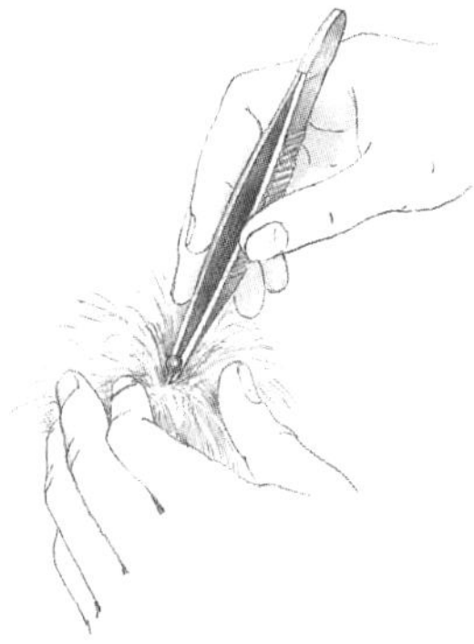

Mit der Zeckenzange wird die Zecke gepackt und gegen den Uhrzeigersinn aus der Haut gedreht. Der Kopf darf nicht steckenbleiben, sonst entzündet sich die Stelle.

Einschläfern

Ihre Katze hat viele schöne Jahre mit Ihnen gelebt, aber eines Tages geht es auch mit ihr zu Ende, und sie schläft für immer ein. Bei aller Trauer wünscht man sich so den Tod für das Wesen, durch das einem soviel Freude zugewachsen ist. Doch nicht immer geschieht es so. Vielleicht widerfährt der Katze ein Unfall, oder sie leidet an einer schmerzhaften und unheilbaren Krankheit. Dann ist der Entschluß, sie einschläfern zu lassen und ihr dadurch ein langsames Dahinsiechen zu ersparen, für sie und den Besitzer mitunter sogar eine Erleichterung. Selbstverständlich kann nur der Tierarzt darüber entscheiden. Er verabreicht eine Spritze, die das Tier auch wirklich sanft zum Einschlafen bringt. Wenn Sie bis zum Schluß Ihr Tier im Arm halten, es streicheln und mit ihm reden, wird es weder Angst noch Schmerz empfinden.

Beim Pilleneingeben umfaßt man den Kopf der Katze und drückt ihn sanft hinter den Zähnen. Sobald sie unwillkürlich das Maul öffnet, schiebt man die Pille so weit wie möglich in den Rachen.

Wenn die Katze Junge bekommt

Einmal im Leben Junge
Katzenliebhaber argumentieren gerne zu diesem Thema: »Wir wissen ja, daß es unverantwortlich wäre, Katzen ihrem Schicksal zu überlassen und sie nicht zu kastrieren, aber eigentlich haben wir kein Recht dazu. Wir glauben, es ist bestimmt besser für sie, wenigstens einmal in ihrem Leben Junge zu haben.« Eine wissenschaftliche Grundlage gibt es dafür nicht, auch wenn manche dagegenhalten, daß es bei Tieren sicherlich noch einen anderen Teil gebe, an die die Wissenschaft gar nicht herankomme. Ich glaube, hier spielt vor allem auch der Wunsch des Menschen eine Rolle, sich mit der Aufzucht von jungen Kätzchen selbst eine Freude zu machen. Denn Tiere, so hat mal jemand gesagt, sind der allerletzte Rest vom Paradies, und von dem Zipfelchen will wohl jeder, bewußt oder unbewußt, ein bißchen was abbekommen.

Fünf Gedanken zuvor
1 Ihre Katze kann pro Wurf bis zu acht Junge bekommen. Haben Sie die Möglichkeit, so viele Tiere gut unterzubringen? Wenn nicht, müssen Sie einen Teil des Wurfs vom Tierarzt einschläfern lassen.
2 Jede Katze braucht einen tierverständigen Menschen. Bringen Sie die Zeit und Geduld auf, sich für jedes einzelne Kätzchen auch wirklich um den richtigen Platz zu kümmern?
3 Sie wollen eins der Jungen behalten und der Mutterkatze zugesellen. Das Geschlecht spielt bei der Auswahl keine Rolle, einen Kater sollten Sie jedoch kastrieren lassen (→ Seite 18), weil er sich auch mit der Mutter paart.
4 Zwei Katzen kosten mehr Geld als eine: Tierarzt, Fressen, eventuell ein zweites Katzenklo.
5 Das Aufziehen von Kätzchen ist nicht eine Sache, die man »mit links« macht. Sind Sie bereit, für ausreichend Platz, das richtige Futter und tägliche Aufmerksamkeit und Zuwendung zu sorgen und sich über Unordnung und Schmutz nicht aufzuregen?

Die Zucht mit Rassekatzen
Als mir eine reinrassige Burmakatze mit Stammbaum geschenkt wurde, dachte ich zwar nicht an Zucht, wollte Nina jedoch decken lassen, zumal sie eine besonders reizende Katze ist und es einige Anwärter für die Jungen gab. Daß es gar nicht so einfach sein würde, einen geeigneten Deckkater zu finden, hatte mir schon die Vorbesitzerin angedeutet. Letztlich lag es dann an Nina, daß wir leider nie zu Nachwuchs von ihr gekommen sind. Bei Rassekatzen (→ Seite 43) ist das durchaus möglich.

Tips für die Katerwahl
- Um an die Adresse eines schönen und anerkannten Zuchtkaters zu kommen, rufen Sie am besten beim nächstgelegenen Edelkatzenzüchterverband an. Dort liegt das offizielle Verzeichnis der bestätigten Kater aller Rassen. Zum anderen weiß man vielleicht von dem einen oder anderen Kater, dessen Besitzer/in ihn nicht registrieren ließ, der/die sich jedoch freut, wenn sein Tier Nachkommen zeugen kann.

Geburtenkontrolle bei der Katze ist notwendig. Man hat ausgerechnet, daß ein einziges Paar Katzen, welches pro Jahr in drei Würfen etwa 14 Kätzchen zur Welt bringt, in nur fünf Jahren 65 536 Nachkommen haben kann.

Erst zwei Wochen und schon ganz schön keß.

Zum Umfallen müde.

- Bei der Wahl des Deckkaters sollten Sie darauf achten, daß sich hinsichtlich des Rassestandards gute und schlechte Punkte ausgleichen. Hat Ihre Burmakatze zum Beispiel statt leuchtend gelber grünliche Augen, sollte der Kater nicht den gleichen »Fehler« aufweisen.
- Erst an den Nachkommen zeigt sich, ob Kater und Katze gut zusammenpassen, daß heißt, ob die Jungen dem Standard (→ Seite 46) genügen.
- Bei einem zugelassenen Deckkater fallen Deckgebühren zwischen 100 und 300 Mark an, eventuell auch Reise- und Hotelkosten, denn er könnte ja in einer anderen Stadt wohnen. Sie aber müssen die Katze zum Kater bringen.
- Melden Sie sich gleich beim ersten Anzeichen der Rolligkeit beim Katerbesitzer/in an, damit der Termin nicht von einer anderen Katze gebucht ist. Bringen Sie sie am dritten Tag ihrer Brunst zum Kater, dann haben die Tiere Zeit, sich aufeinander einzustellen. Ab dem vierten Tag ist eine Deckung erfolgversprechend.

Katzenliebesspiele

Bei meiner frühreifen Burmesin fing die Rolligkeit bereits mit sechs Monaten an, während sich unsere schwarze Hauskatze Matilda ganze elf Monate damit Zeit ließ. Sie sind dann drei bis sechs Tage lang zunehmend unruhig, fressen weniger, miauen oder gurren, reiben sich an Gegenständen und wollen viel gestreichelt werden.
Übrigens unterscheiden sich an der Intensität dieses Verhaltens, das ja dem Anlocken des Katers dient, die Rassen ganz erheblich. Gleich am ersten Tag überraschte die »Exotin« Nina mit der Gewalt ihrer Stimme. Daß dieses tiefe, weithin schallende Röhren aus zierlichem Katzenmund kam, war kaum zu glauben. Dazu wälzte sie sich mit schlangenartigen Bewegungen beinahe ohne Unterlaß hin und her oder bot sich, wenn man sie durch Streicheln zu beruhigen suchte, mit durchgedrücktem Rücken und weggeknicktem Schwanz zur Paarung dar.
Als Wohnungskatze ist sie darauf angewiesen, den Partner zugeführt zu bekommen. Doch kann es durchaus geschehen, daß sie ihn total ablehnt. Da ist dann nichts zu machen, und man muß sich nach einem anderen Kandidaten umsehen.
Im Freien sucht sich die Katze ihn selbst

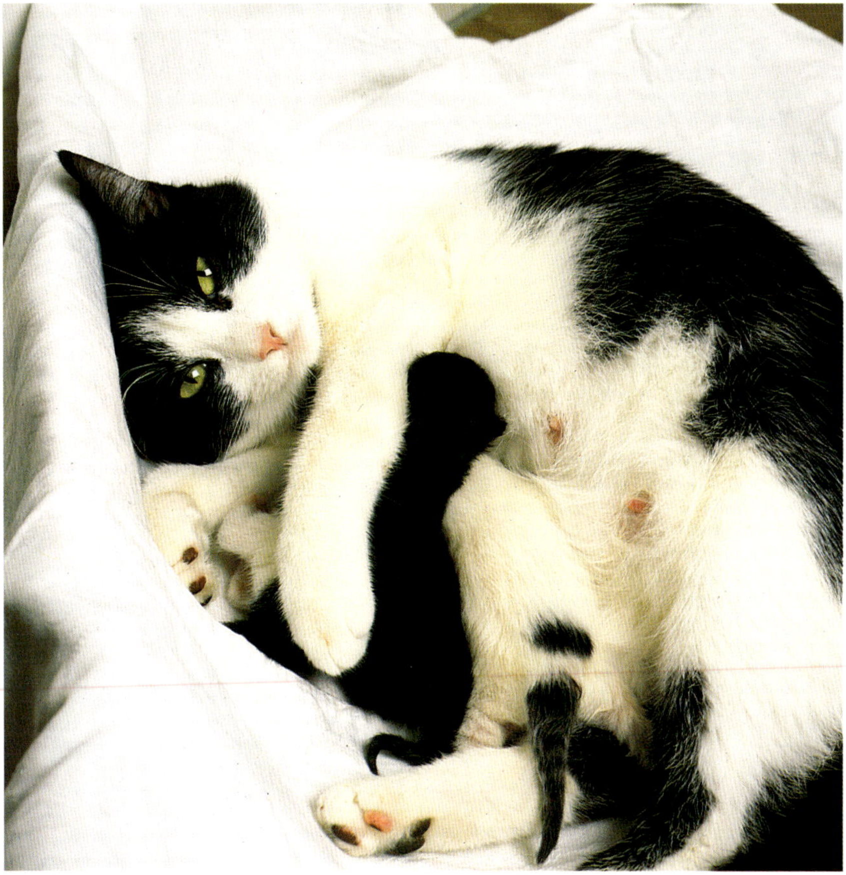

Gerangel an der Milchquelle.

Zu den Bildern:
Katzenwochenbett. Die ersten 24 Stunden nach der Geburt hängen die Jungen fast pausenlos an den Zitzen. Schnurrend hält die Mutter ihre Beine locker und wie schützend über ihre Kinder und verläßt erst, wenn alles schläft, für kurze Zeit ihr Nest.

aus. Die Kater aus der Umgebung wissen immer, wo eine Katze rollig ist. Erwartungsvoll hocken sie in gebührendem Abstand voneinander im Kreis herum. Manchmal kämpfen sie auch um die Gunst der Katze, was diese aber nicht sonderlich beeindruckt. Denn keineswegs sucht sie sich immer den aus, der als Sieger hervorgegangen ist und die Kater respektieren das.
Hat sie einen mit lockenden Miaurufen erkoren, umwirbt er sie mit Gurrlauten, läuft vor ihr hin und her und bespritzt dabei immer wieder einen Gegenstand mit Harn. Falls er jedoch versuchen sollte, die Katze vorzeitig zu besteigen, kriegt er unweigerlich eine gelangt.

Paarung

Sobald die Katze paarungsbereit ist, duckt sie sich, hebt das Hinterteil, legt den Schwanz beiseite und tretelt mit den Hinterbeinen. Nun kann der Kater über sie steigen. Dabei packt er sie beim Nackenfell, ein oft recht grober Zugriff, und führt den Penis in die

Scheide. Sofort danach erfolgt der Samenausstoß, den die Katze mit einem durchdringenden Aufschrei begleitet. Darauf flüchtet der Kater mit einem Satz, denn die Katze pflegt ihm meistens eine Ohrfeige zu verpassen. Während sie sich wälzt und rollt und Pfoten und Genitalien beleckt, harrt er in sicherer Entfernung der Dinge, die dann auch kommen, denn bei einem Deckakt bleibt es meistens nicht.

In dieser typischen Stellung präsentiert sich eine Katze, wenn sie rollig und zur Paarung bereit ist. Sie duckt sich, hebt ihr Hinterteil, tretelt mit den Hinterbeinen und knickt den Schwanz zur Seite.

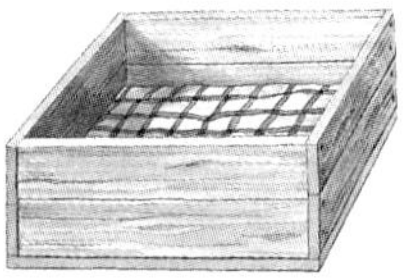

Die Wurfkiste sollte die Maße 35 x 50 x 25 cm haben. Darin hat die Katze bequem Platz, und die Jungen können auch nicht gleich hinausklettern.

Die Katze ist trächtig

Frühestens nach drei bis vier Wochen können Sie feststellen, ob Ihre Katze aufgenommen hat. Die Zitzen, die sich sonst eher bläßlich kaum aus dem Fell abheben, beginnen sich rosa zu färben, fester zu werden und sich aufzustellen. Von der fünften Woche an nimmt langsam auch der Leibesumfang zu. Die Flanken füllen sich, und der Bauch wird runder.

Den Geburtstermin können Sie selbst berechnen: 1. Decktag plus 63 Tage. Schwankungen bis zu sieben Tage davor oder danach kommen vor, sind aber nicht weiter beunruhigend. In dieser Zeit ist die Katze besonders anhänglich an »ihren« Menschen. Frei laufende Tiere entfernen sich nicht mehr allzuweit vom Haus, entwickeln sozusagen mehr Häuslichkeit. Im Grunde geht alles seinen natürlichen Gang.

Was sie frißt

Eine tragende Katze hat mehr Appetit. Geben Sie pro Tag 360 g Futter in mehreren kleinen Portionen. Sie braucht nährstoffreiche Nahrung und vor allem Eiweiß in Form von mildem Hartkäse (gerieben), Quark, Eigelb oder Getreideflocken. Jeweils einen Teelöffel unter das Futter mischen. Dazu ein Kalkpräparat, das Sie sich am besten vom Tierarzt empfehlen lassen.

Worin sie wirft

Sobald die Katze beginnt, die Wohnung nach einem passenden Wurflager zu inspizieren, und sich in Schränken, Schubladen oder Körben herumtreibt, ist es Zeit für die Wurfkiste. Geeignet ist ein Korb, ein fester Pappkarton oder eine Kiste etwa in den Maßen 30 x 50 cm mit einem 20 bis 25 cm hohen Rand. Die Katze sollte bequem darin Platz haben, sich jedoch beim Geburtsvorgang mit dem Rücken anlehnen und mit den Pfoten abstemmen können.

Als Einlage dient ein hartes Kissen mit waschbarem Bezug und darüber eine dicke Lage Zeitungspapier, die mit einem sauberen Tuch bedeckt wird. Stellen Sie die Wurfkiste an einen ruhigen Ort, und lassen Sie die Katze sich daran gewöhnen. Manche werfen ihre Jungen aber dann doch im Bett oder im Wäschekorb.

Die Geburt

Bei der Geburt ist die Katze in der Regel nicht auf Ihre Hilfe angewiesen. Doch wollen viele nicht allein gelassen werden, vor allem, wenn es sich um ihre erste Geburt handelt und sie sehr anhänglich an »ihren« Menschen sind. An ihrem unruhigen Verhalten merken Sie, wann es soweit ist. Immer wieder springt sie in die Wurfkiste, dann scharrt sie im Katzenklo herum, oft

ohne es zu benutzen. Wenn Sie ihr gut zureden, wird sie schließlich liegenbleiben.
Kurz vor Beginn der Geburt verliert die Katze das Fruchtwasser. Bald darauf wird das erste Junge in der Fruchthülle ausgetrieben. Die Mutter reißt sie auf, falls sie nicht von selbst geplatzt ist, und leckt dem Neugeborenen eifrig das Gesicht, bis dieses sich zu bewegen und zu schreien beginnt. Dann beißt sie die Nabelschnur durch und verzehrt die Nachgeburt. Nach und nach werden so die Kätzchen geboren. Der ganze Vorgang kann eine bis zwei Stunden, manchmal aber auch einen ganzen Tag dauern.
Wenn die Katze behaglich schnurrend auf der Seite liegt und die Jungen wie Kletten an ihren Zitzen hängen, können Sie vorsichtig Tuch und Zeitungen unter ihr hervorziehen. Sie liegt dann sauber und trocken auf dem bezogenen Kissen.

Die ersten Tage und Wochen

Neugeborene Kätzchen sind blind und taub, haben aber schon ihr vollständiges Fell mit der Zeichnung. Der Kopf mit den winzigen Ohrmuscheln ist relativ groß, der Körper klein, die Gliedmaßen sind schwach. Die Krällchen können noch nicht eingezogen werden und haben Hüllen, die bald nach der Geburt abfallen. Der Nahrungstrieb führt sie sofort der richtigen Quelle zu. Tastend bewegen sie sich zu den Zitzen

Gleich nach der Geburt fangen die kleinen Kätzchen an, herumzuwühlen und nach den Zitzen zu suchen. Den Milchfluß regen sie durch Treteln mit den Vorderpfoten, den sogenannten »Milchtritt«, an.

Die Entwicklung der Jungen auf einen Blick

1.–7. Tag	blind und hilflos, auf die Fürsorge der Mutter angewiesen
8.–12. Tag	die Augen beginnen sich zu öffnen
16.–20. Tag	das Kätzchen fängt zu krabbeln an, die Augen sind weit offen
21.–25. Tag	die ersten Schritte, noch sehr wacklig
ab 3. Woche	die erste feste Nahrung; Kloschale neben der Wurfkiste aufstellen; das Kätzchen kann Töne bestimmen, auf die Mutter zulaufen oder ihr nachlaufen
4.–5. Woche	das Kätzchen springt und versucht aus der Wurfkiste zu klettern; der Fallreflex entwickelt sich; Fremde werden mit Fauchen und angelegten Ohren begrüßt; Spielen
ab 6. Woche	Raufen
8. Woche	vollständiges Milchgebiß; frißt selbständig; Entwöhnung von der Mutter, Saugversuche werden mit Tatzenhieben abgewehrt
10.–12. Woche	die Geschwisterliebe ist vorbei; man kämpft um Revier und Futternapf; das Erwachsensein beginnt

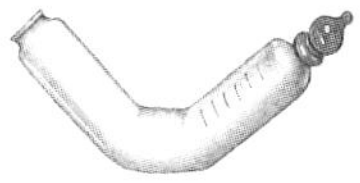

Mit dieser Spezial-Milchflasche können Katzenkinder, die nicht genügend oder gar keine Muttermilch bekommen, gefüttert werden.

Wenn eine Katzenmutter meint, daß ihr Nachwuchs in Gefahr ist, zieht sie mit Sack und Pack um. Dabei nimmt sie jedes Kätzchen fest im Nacken, und diese fallen sofort in eine Tragestarre, das heißt, sie halten ganz still und lassen sich so gut transportieren.

Perserkätzchen Colourpoint Blue.

vor und fangen zu saugen an, indem sie den Milchfluß durch Treteln mit den Vorderpfoten, den sogenannten »Milchtritt«, anregen.
Diese Bewegung behält eine Katze übrigens bis ins hohe Alter bei. Vor allem wenn sie sich wohl fühlt, einem auf dem Schoß sitzt und behaglich schnurrt, bewegen sich ihre Pfoten knetend-tretelnd.

Verwaiste Katzenkinder
Es ist nicht einfach, ein paar Tage alte Kätzchen hochzupäppeln, aber welche Befriedigung, wenn es gelingt!
Unterbringung: Das Körbchen oder den Karton an einen warmen, zugfreien Platz stellen und mit saugfähigem Küchenpapier auslegen. In den beiden ersten Lebenswochen mit Heizkissen oder Infrarotlampe für die nötige Wärme von 25° bis 30° C sorgen; danach bis zur 6. Woche auf 20° C Umgebungswärme reduzieren.

Perserkätzchen Schildpatt auf Weiß.

Füttern: Manchmal ist ein Kätzchen zu schwach, um an der Flasche (→ Zeichnung, Seite 39) zu saugen. Dann kann man ihm die Milch mit einem Tropfenzähler (Medizinfläschchen) oder einer Einwegspritze (ohne Nadel!) einträufeln. Vor Benutzung wie für Babys sterilisieren. Die Milch auf 38° C erwärmen (Lippenprobe), das Kätzchen auf dem Schoß vorsichtig um den Hals fassen und den Sauger langsam ins Mäulchen schieben. Wenn es getrunken hat, leicht mit dem Finger über das Bäuchlein streichen, um die Verdauung anzuregen. Urin und Kot mit in warmem Wasser angefeuchteter Watte entfernen, trockenwischen und den Analbereich mit Vaseline einreiben.

Aufzuchtmilch: Da Kuhmilch nicht fett- und eiweißhaltig genug für Kätzchen ist, muß man sich an folgende Alternativen halten.

- Spezialaufzuchtmilch in Pulverform aus dem Zoofachhandel, die nach Anweisung mit Wasser gemischt wird.
- Pulverisierte Babymilch. Zum An-

Zu den Bildern: *Katzenkinder. Jung sind sie alle niedlich. Aber auch aus ihnen werden ausgeprägte Katzenpersönlichkeiten.*

mischen verwendet man die doppelte Menge Milchpulver, wie für Kleinkinder vorgeschrieben.

• 10%ige Kondensmilch, zur Hälfte mit Wasser verdünnt.

Aufpassen: Das Wasser vorher grundsätzlich abkochen.

Entwöhnen: Auch bei diesen Kätzchen beginnt die Umstellung auf feste Nahrung ab der 3. Woche. Unter die Flaschennahrung zuerst einen halben Teelöffel passierten Babybrei, etwas Fleischsaft oder Kalbsbrühe mischen. Nach und nach den Anteil der festen Nahrung immer mehr steigern bis zur 8. Woche, ab der auch normal heranwachsende Kätzchen von der Mutter entwöhnt werden.

In Abwehrhaltung knickt die Katze in den Hinterbeinen leicht ein, hält den Kopf gesenkt, macht einen Katzenbuckel und bewegt den Schwanz schnell und ruckartig hin und her.

Katz und Maus

Schon in der Wurfkiste wird alles geübt, was Katzen für ihren späteren »Beruf« als Jägerin brauchen. Die kleinen Katzenbabys können sich noch kaum auf den Beinen halten, doch das Muster der späteren Verhaltensweisen ist schon erkennbar. Anschleichen, Sprung auf die Beute, Verfolgen, Haschen, Beißen – und natürlich bei jeder Bewegung herumkugeln.

Wenn zwei befreundete Katzen sich begegnen, grüßen sie sich mit »Nasenkuß«. Dieser Schnupperkontakt dient dazu, den gegenseitigen Körpergeruch zu identifizieren und sich daran zu erkennen.

Die Begegnung mit der Maus bringt eine Katzenmutter, die Auslauf hat, ihren Kindern sozusagen in Etappen bei. Zuerst macht sie sie mit der getöteten Maus bekannt. Als nächstes bringt sie ihnen eine leicht verletzte Maus, tötet und frißt sie vor ihren Augen. Schließlich schleppt sie die quicklebendige Maus an, die dann das mutigste Katzenkind totbeißt und dabei etwas Entscheidendes gelernt hat.

In der Wohnung aufgewachsene Kätzchen, die das nicht geübt haben, stellen sich später bei ihren ersten Mäusefangversuchen etwas tolpatschig an. Doch im Grunde haben sie es auch gelernt, denn Anschleichen, Anspringen, Totschütteln und Umhertragen spielen sie mit Wollknäueln, Bällchen, Papierkugeln und dem Schwanz der Mutter (→ Das Spiel mit der Katze, Seite 20).

Katzenrassen

Von der Wildkatze zur Hauskatze
Die Geschichte unserer Hauskatze ist relativ jung, denn mit ihrer Domestikation ließ sie sich länger Zeit als jedes andere unserer Haustiere. Zwar wurden schon um 7000 v. Chr. in Jericho Katzen gehalten, allerdings wohl nur als gezähmte Wildtiere, doch erst im Neuen Reich Ägyptens um 1500 v. Chr. zogen die wilden afrikanischen Falbkatzen in die Nähe des Menschen. Sie wurden angelockt von den Heerscharen von Ratten und Mäusen, die die riesigen Getreide- und Reisvorräte der Ägypter bedrohten. Dabei gewöhnten sie sich auch an die Menschen und wurden von diesen schließlich als Beschützerinnen ihrer Vorräte zur Gottheit erhoben. Einzigartig bei der Katze ist also, daß sie sich freiwillig dem Menschen anschloß und sich selbst zum Haustier machte.
Nach Mitteleuropa kamen die Hauskatzen erst zur Zeit der Karolinger, also um 800 n. Chr., und kreuzten sich hier wohl mit den heimischen Wildkatzen. Von ihrer wilden Herkunft haben sich die Hauskatzen vieles bewahrt und jetzt noch gemein mit ihren wilden Verwandten. Tatsächlich bildet die Familie der Katzen (*Felidae*) eine sehr einheitliche Gruppe. Jede Katze, sei sie nun groß oder klein, ist sofort auch als solche zu erkennen und mit keinem anderen Tier zu verwechseln.

Entstehung der Rassen
Wie bei den anderen Haustieren traten im Laufe der Haustierwerdung auch bei der Katze viele Mutationen (plötzlich auftretende Änderung der Erbsubstanz, die dann konstant weitergegeben wird) auf, durch die Farbe, Haarkleid und Wuchsform verändert wurden. Zuerst ging der Mensch wohl nur spielerisch darauf ein und probierte so herum.
Da hatte ihm die Natur eine Katze mit langem Haarkleid beschert wie zum Beispiel die Türkisch Angora, deren Name sich von der türkischen Stadt Ankara herleitet. Sie ist übrigens eine der ältesten Katzenrassen. Hinzu kamen Umstände, die diese Katze daran hinderten, sich außerhalb der eigenen Rasse zu vermehren. So konnten sich ihre charakteristischen Merkmale verfestigen, die sie zu einer orientalischen Langhaarkatze machten. Als die ersten Exemplare dieser Rasse im 16. Jahrhundert von der Türkei nach England und Frankreich gelangten, wurden sie wegen ihres silbernen, seidigen Haares sehr bewundert.
Mit der Zeit bildeten sich unter diesen Langhaarkatzen, die übrigens meistens weiß waren, verschiedene Typen heraus, und als man der Katze mit dem kompakteren Körperbau und dem dichten, feinen, Fell den Vorzug gab, begann die Zucht der Perserkatzen.
Systematische Katzenrassenzucht wird weltweit erst seit etwa hundert Jahren betrieben. Dabei kamen wohl mehrere Dinge zusammen.
1 Der Mensch stellte nicht mehr den Nutzen der Katze in den Vordergrund, sondern Aussehen und Schönheit.
2 Für die Festsetzung einer Rasse boten sich Merkmale an, die sie jeweils von allen anderen Katzen unterschei-

Die Freude an der natürlichen Eleganz und Schönheit der Katze und die Begeisterung für außergewöhnliche Farben und Formen sind für viele Menschen der Auslöser, sich mit der Zucht von Rassekatzen zu beschäftigen.

Perser Chinchilla

Perser Blau

<u>Zu den Bildern:</u>
Verschiedene Perserkatzen. Sie gelten als die ruhigsten Vertreter unter den Rassekatzen und brauchen viel menschliche Zuwendung, vor allem auch für die Pflege ihres langen, seidigen Haares.

Perser Creme-Weiß

Perser Schwarz

Perser Colourpoint Blue-Point

Perser Schildpatt auf Weiß

Perser Chocolate

Perser Rot

det, zum Beispiel Fell und Färbung, aber auch eine ausgeprägte Kopf- und Körperform.

3 In dieser Zeit wurden die Forschungsergebnisse des österreichischen Mönchs Gregor Mendel über die Vererbungslehre wiederentdeckt. Die Züchter, die bis dahin zum Beispiel von der Farbvererbung nur wenig Ahnung hatten, konnten nun ganz gezielt vorgehen.

Für die Fellpflege vor allem von Langhaarkatzen sind ein Kamm mit weiten und engen Zähnen und eine Bürste mit Metall- und Naturborsten notwendig.

Was ist ein Standard?

Als Standard bezeichnet man die Beschreibung des »idealen« Tiers einer Rasse. Er wurde von der internationalen Richterkommission der Rassekatzenverbände für alle Rassekatzen festgelegt. Heute kennt man rund fünfzig Rassen, deren Standard in Europa von der kontinentalen FIFe (Fédération Internationale Féline d'Europe) und dem britischen GCCF (Governing Council Of The Cat Fancy) bei Ausstellungen nach bestimmten Gesichtspunkten beurteilt und prämiert werden.
Jede anerkannte Rasse und jede Farbvarietät trägt eine Nummer, die für alle der FIFe angeschlossenen Länder gilt.

Die hauptsächlichen Vorfahren unserer Hauskatzen sind die Falbkatze (links), und die Europäische Wildkatze (rechts).

So verbirgt sich zum Beispiel hinter der Nummer 27 die Burma mit der Farbe Braun, während der Zusatzbuchstabe a die Farbvarietät Blau bezeichnet. Bewertet werden Farbe, Kopf, Körper, Augen, Fell, Kondition, Schwanz, und zwar jeweils mit Punkten, die insgesamt 100 ergeben können.

Langhaarkatzen

Ihnen werden die Perserkatzen zugerechnet. Sie haben alle den gleichen Körperbau mit rundem Kopf auf einem kurzen, dicken Nacken, kleinen Ohren, aus denen lange Haarbüschel wachsen, großen runden Augen und der kurzen, stumpfen Nase mit dem typischen »stop«. Der Körper ist kräftig und steht auf niedrigen, stämmigen Beinen. Das Fell ist lang, dicht und fein und zieht sich in gleichmäßiger Länge über Körper und Schwanz, wobei die Halskrause besonders eindrucksvoll ist.
Die Augenfarbe kann orange oder kupferfarben sein, grün, blau oder verschiedenfarbig (odd eyed = blau/orange).
Es gibt

- einfarbige Perser: Schwarz, Weiß, Chocolate, Blau, Lilac, Rot und Creme;
- mehrfarbige Perser: Schildpatt, Blau-Creme, Bicolor und Schildpatt-Weiß;
- Colourpoint-Perser: alle Siamfarben;
- gestromte Perser: Tabbymuster in Tigerung, Stromung und Tupfen;
- Perserkatzen mit Haarspitzenfärbung (Tipped Perser): Chinchilla, Silver-Shaded, Black-Smoke, Red-Smoke, Cameo-Perser, Shell-Golden, Shaded-Golden (→ Fotos, Seiten 44/45).

Halblanghaarkatzen

Zu ihnen zählen verschiedene Rassen, die zwar ein langes, fließendes Fell tragen, sich aber von Perserkatzen dadurch unterscheiden, daß sie nicht deren typisches »plattes« Gesicht haben.

Birma: Körperbau, Kopf, Nase und Ohren sind bei ihr länglicher als bei der Perser. Die Fellfarbe ist hell mit dunklen Abzeichen an Kopf, Ohren, Schwanz und Beinen. Ihr eigenwilligstes Merkmal sind die weißen »Schuhe« an den Pfoten. Die Augen sind wunderschön saphirblau, der Schwanz ist buschig und das Fell pflegeleicht.
Türkische oder Van-Katze (→ Foto, Seite 8): Eine temperamentvolle Katze mit besonderer Vorliebe für Wasser. Sie schwimmt und tobt begeistert im Schnee herum. Am Körper ist sie weiß, hat orangerote Flecken im Gesicht und einen roten, buschigen Schwanz.
Norwegische Waldkatze: Sie ist die einzige Rasse, die sich im kalten Klima Norwegens entwickeln konnte. Auf dem kräftigen und geschmeidigen langen Körper sitzt ein dreieckiger Kopf mit einer geraden Nase. Das Fell fällt wie ein Mantel vom Rücken bis über die Flanken herunter, auf der Brust bildet es eine Art »Hemdbrust«. Der Schwanz ist lang und buschig. Alle Farben sind zugelassen.
Somali: Eine recht neue Katzenrasse mit der gleichen Fellfärbung wie die Abessinier (→ Kurzhaarkatzen) und bernsteinfarbenen oder grünen Augen.
Main-Coone (→ Fotos, Seiten 8/9): Eine der ältesten amerikanischen Rassen und der Norwegischen Waldkatze sehr ähnlich. Alle Fellfarben sind möglich.
Balinese (→ Foto, Seite 8): Eine Siamesin (→ Kurzhaarkatzen) in langem Kleid mit schlankem, zartem Körperbau und feinem, seidigem Fell.

Kurzhaarkatzen
Man unterscheidet verschiedene Rassen, denen als einziges Merkmal ein kurzes Fell gemeinsam ist. Vom Aussehen her können sie kräftig und plump bis elegant, schlank und zart sein.
Europäisch Kurzhaar: Entspricht im Typ unserer mitteleuropäischen Hauskatze. Der mittelgroße Körper steht auf kräftigen Beinen mit festen Pfoten.
Britisch Kurzhaar: Ein in England, der Wiege der Katzenzucht, bevorzugter plumper, gedrungener Typ mit kurzem, dickem Schwanz und dichtem, feinem Fell, das plüschartig absteht.
Chartreuse (→ Foto, Seite 8): Auch Kartäuser genannt, schwer und muskulös mit breitem Kopf und »dicken« Backen. Auffallend ihr blaues Fell und die leuchtend dunkel orangefarbenen Augen.
Siam (→ Foto, Seite 9): Sie ist für viele noch der Inbegriff der Rassekatze mit ihrem langen, geschmeidigen Körper auf verhältnismäßig feinen Beinen und dem langgestreckten Kopf mit dem geraden Profil. Typisch der helle Körper mit dunklem Schwanz, Beinen, Ohren und Maske, dazu die tiefblauen Augen. Farbvarietäten sind zugelassen. Siamesen gelten als besonders anhängliche und zärtliche Katzen, geraten jedoch während der Rolligkeit ziemlich außer Rand und Band und entwickeln eine ungeheure Stimmkraft.
Burma: Sie ist etwas kräftiger als die Siamesin, eine elegante Katze mit keilförmigem Kopf und einer Einbuchtung am Nasenansatz. Das Fell ist kurz und fein und in der Originalfarbe braun. Farbvarietäten sind zugelassen.
Abessinier (→ Foto, Seite 9): Sie sieht aus wie die alte ägyptische Katze auf Wandzeichnungen. Die Fellfarbe gleicht dem eines Wildkaninchens, ihr Wesen ist unkompliziert und anschmiegsam.
Havanna (→ Foto, Seite 8): Eine speziell amerikanische Rasse mit mahagonibraunem Fell, die leicht mit der Burma verwechselt werden kann.
Rex: Alle Rexkatzen haben ein gelocktes oder gewelltes, plüschartiges Fell. Sie sind mittelgroß, schlank und hochbeinig.

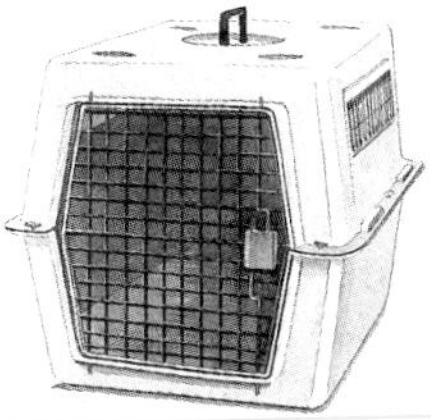

Mit diesem Transportbehälter oder Kennel kann eine Katze problemlos auf Reisen, zum Beispiel auch auf eine Ausstellung, mitgenommen werden.

Katzen verstehen lernen

Ganz zu Unrecht wird der Katzenbuckel als Ergebenheitsgebärde bezeichnet und ist als Katz- oder Krummbuckeln in unsere Sprache eingegangen. Denn in der Körpersprache der Katze signalisiert er Abwehr und den Befehl: Laß mich bloß in Ruhe!

Die Katze in Geschichte und Literatur

Von dem Moment an, da die Katze auf ihre zurückhaltende Art die Wege der Menschen kreuzte, schien ihr Aufstieg unaufhaltsam. In Ägypten wurde sie als milde und gütige Göttin Bastet, katzenköpfige Gemahlin des Sonnengottes Ra, verehrt und auf eigenen zu Kultstätten erhobenen Friedhöfen begraben. Und als Schmuggler sie nach Griechenland und Rom brachten und man ihren Wert als Mäusefängerin erkannte, begann ihr Siegeszug um die ganze Welt. Überall galt die Katze als etwas Besonderes; man bewunderte die Mischung aus unabhängigem Raubtier und sanftem, anschmiegsamem Wesen. Dann setzte ihr Fall ein. Als um 1200 n. Chr. der Aberglaube blühte, wurde die ehemalige Göttin verteufelt. Ihr Verhängnis war, daß sie unergründlich und rätselhaft blieb und mit heidnischen Bräuchen in Verbindung gebracht wurde. 450 Jahre lang wurde sie zusammen mit Hexen und Ketzern zu Millionen gefoltert, gehängt und verbrannt. Doch die gnadenlose Jagd rächte sich bitter. Denn nun gebot niemand mehr den Ratten Einhalt, die in die mittelalterlichen Städte die Pest einschleppten. Jetzt wurden, ebenfalls zu Millionen, die Katzenverfolger dezimiert.

Doch erst zu Beginn des 18. Jahrhunderts sollte es mit der Wertschätzung der Katze wieder bergauf gehen, wobei die Dichter einen nicht geringen Teil dazu beitrugen. Bis heute hat die Faszination, die die Katze auf Maler und Schriftsteller ausübt, nicht nachgelassen.

»Das Tintenfaß wird nie leer, wenn es darum geht, über Katzen zu schreiben«, sagte ein französischer, von drei Katzen »besessener« Dichter. Und ein anderer schwärmte poetisch: »Man muß das Ohr einer Katze haben, um die Stimmen der Ameise und des Marienkäfers unterscheiden zu können.«

Der Katzenkörper

Der Körperbau der Katze ist vollkommen darauf ausgerichtet, kleine und schnelle Beutetiere zu jagen. Seine Geschmeidigkeit befähigt sie zu lautlosem Anschleichen und kraftvollem Zuspringen; ihre krallenbewehrten Pfoten zum Zupacken, ihr scharfes Fanggebiß zum Zubeißen und Töten der Beute.

Gliedmaßen: Gewaltige Sprungkraft sitzt in den muskulösen Hinterbeinen. Aus dem Stand springt die Katze fünfmal so hoch, wie sie selbst groß ist. Ihre Gangart ist gemächlich, beim Anschleichen extrem langsam und kontrolliert, explosionsartig in der Beschleunigung, die sie aber nicht lange durchhalten kann. Mit Hilfe ihrer Krallen erklimmt sie flink hohe Gegenstände. Von Baumstämmen mit dem Kopf voran hinabklettern wird hingegen zum unbeholfenen Rutschen, weil sie mit den nach hinten gerichteten Krallen keinen Halt findet. Besser geht es rückwärts, aber das muß gelernt werden; junge Katzen haben anfangs damit ihre Schwierigkeiten. Wer hat nicht schon in der Zeitung von Katzen gelesen, die sich hoch in eine Baumkrone verstiegen hatten und dort nun kläglich miauend wie angewurzelt saßen, weil sie sich nicht mehr hinunter trauten. Für sie blieb als Helfer in der Not oft nur mehr die Feuerwehr.

Hinauf auf den Baum geht es blitzschnell.

Zum Bild:
Katzenkletterei.
Eine Katze erklimmt einen Baum, indem sie das erste Stück hinaufspringt und ihre nadelspitzen Krallen wie Steigeisen benutzt.
Der Abstieg erfolgt weniger geschickt, da die nach hinten gebogenen Krallen keinen Halt bieten.

Bei Dunkelheit weiten sich die Pupillen, damit auch noch das letzte Restchen Licht gesammelt wird.

Pfoten: Die Katze geht auf leisen Sohlen, nämlich auf gepolsterten Ballen. Die Hinterpfoten haben vier Fußballen mit vier Krallen und einem großen Mittelfußballen. Die Vorderpfoten weisen fünf Fußballen auf: fünf Krallen, einen Mittelfuß- und einen Vorderfußballen. Damit die vorderen Krallen auch immer die gefährliche Waffe bleiben, schärft die Katze sie durch Kratzen; überdies kann sie sie in Hauttaschen einziehen. So bleiben sie immer nadelspitz.

Schwanz: Ihn setzt die Katze wie ein Seiltänzer seinen Stab zum Balancieren ein. Außerdem lassen sich an ihm die verschiedenen Stimmungen der Katze ablesen (→ Körpersprache, Seite 53).

Fell: Es schützt den Katzenkörper gleichermaßen gegen Kälte, Nässe und Hitze und ist im Sommer dünn, im Winter dick. Bei der Wohnungskatze ist diese Veranlagung natürlich weniger ausgeprägt. Die langen Haare können durch einen kleinen Muskel bewegt und bei Erregung aufgerichtet werden. Die Fellfarbe dient einerseits der Tarnung, andererseits als Signalwirkung bei der Verteidigung, eine Tatsache, die bei unseren Haus- und Rassekatzen nicht mehr so ins Gewicht fällt.

Die Sinnesleistungen

Auch die Sinnesleistungen der Katze sind ganz auf die Ausübung ihres

Katzensprache auf einen Blick

Ausdruck	Ohren	Schnurrhaare	Augen
freundlich entspannt	nach vorn leicht nach außen	seitwärts gerichtet wenig gefächert	ruhig, je nach Helligkeit blinzelnd
aufmerksam gespannt	gespitzt direkt nach vorn	vorwärts gerichtet breit gefächert	groß und rund
angriffslustig	nach hinten gedreht	breit gefächert	verengte Pupillen
abwehrbereit	nach hinten eingeknickt und seitwärts herabgezogen	etwas zurückgelegt	erweiterte Pupillen
ängstlich	seitwärts	schmal zurückgelegt	erweiterte Pupillen

»Berufs« als Jägerin abgestimmt. Mit ihren Ohren und Augen kann sie die Beute schon von weitem aufspüren, dazu kommen Geruch und Geschmack, die diese aufs genaueste identifizieren. Tasteindrücke beherrschen die Orientierung, Sexualität und Aggressivität.
Ohren: Die Katze hört in Frequenzbereichen bis zu 65 kHz (20 kHz beim Menschen) und nimmt so feine Geräusche wie das Piepsen, Trappeln und Nagen von Mäusen auf. Selbst wenn sie döst, reagiert sie sofort auf fremde Geräusche.
Augen: Katzen können bei Dunkelheit nahezu genausogut sehen wie im hellen Tageslicht. Die Augen stellen sich auf die jeweilige Helligkeit ein. Bei Dunkelheit sind die Pupillen ganz groß und können ein Maximum an Licht sammeln. Je heller es wird, desto mehr verengen sie sich, bis das Licht nur mehr durch zwei kleine Öffnungen oben und unten in das Auge gelangt. Wenn bei Nacht ein Lichtschein auf sie fällt, leuchten die Augen der Katze. Dies bedingt eine Reflexschicht, die die Empfindlichkeit des Sehvermögens in der Dämmerung noch erhöht.
Tastsinn: Sowohl die haarlose Haut auf Nase und Fußballen als auch die Haare selbst vermitteln Sinneseindrücke. Am höchsten entwickelt ist das Tastvermögen der Schnurrhaare und der Haare an

Bei Helligkeit verengen sich die Pupillen zu einem schmalen Schlitz und nehmen nur noch oben und unten ein wenig Licht auf.

Schwanz	Körper	Haare	Lautsprache
ruhig, hoch aufgerichtet	gestreckt mit erhobenem Kopf	glatt anliegend	Schnurren Begrüßungsmiauen
Schwanzspitze zuckt	gespannt	glatt anliegend	
bewegt sich heftig, kurz hinter der Wurzel hakenförmig abgebogen	richtet sich hoch auf den Beinen auf, Rücken steigt leicht nach hinten an	auf der Rückenmittellinie und am Schwanz gesträubt	Knurren, Fauchen, langgezogenes, an- und abschwellendes Heulen (Katergesang)
bewegt sich ruckartig hin und her	in den Hinterbeinen leicht eingeknickt, gesenkter Kopf, Katzenbuckel	anliegend	Fauchen, Spucken
peitscht hin und her	Katzenbuckel	am ganzen Körper gesträubt	laut kreischendes Schreien

Außergewöhnlich sensibel reagieren Katzen vor Erdbeben oder anderen schweren Naturkatastrophen. Über welches Vorwarnungssystem sie verfügen, hat man noch nicht herausgefunden. Begnügen wir uns damit, daß dieses Wissen natürlich, aber um nichts weniger wunderbar ist.

Gespannte Aufmerksamkeit.

Geschmeidiger Sprung und gezielter Zugriff.

den Vorderbeinen. Sie ermöglichen die Orientierung sogar in dunkler Nacht.
Nase: So wie wir mit den Augen macht sich die Katze mit dem Geruchssinn sozusagen ein »Bild« von jeder neuen Person, jeder fremden Katze und natürlich auch von ihrer Nahrung und erweitert damit ihre Sinneswahrnehmungen.
Geschmack: Eng mit dem Geruch ist der Geschmack verbunden. Beide werden als die chemischen Sinne bezeichnet, die die Tiere befähigen, Vorgänge zu entdecken, die innerhalb oder außerhalb ihres Körpers geschehen. Auf der Zunge sitzen viele Wärzchen, sogenannte Geschmackspapillen, die sich wie Sandpapier anfühlen, wenn die Katze einem freundlich über das Gesicht leckt.

Katzensprache

Natürlich »sprechen« Katzen nicht so wie wir, dennoch ist ihr Vokabular sehr reichhaltig. Es ist immer wieder erstaunlich, was für eine Palette von Ausdrucksformen ihnen zur Verfügung steht. Ich greife nur eine Szene aus vielen heraus: Da sitzt die Katze auf der Heizung mit säuberlich nebeneinandergestellten Vorderpfoten, den Schwanz manierlich darübergelegt. Dazu schaut sie mit tiefgründigem Blick, als könne sie kein Wässerlein trüben, und liebevoll will man ihr einen Kuß auf die Nase geben. Haps, hat sie einen in dieselbe gebissen. In seinen Gefühlen verletzt, zieht man sich zurück. Dabei ist man selbst schuld, hat man doch die Zeichen der Abwehr übersehen. Sie müssen nur richtig gedeutet werden, dann bleiben einem derartige schmerzhafte Mißverständnisse erspart.

Körpersprache

Wenn meine Katzen Nina und Matilda miteinander etwas zu tun haben wol-

Ein Stoß mit der »Faust«.

len, signalisieren sie ihre Annäherungsbereitschaft immer auf dieselbe Art. Gingen sie gerade noch teilnahmslos aneinander vorbei, reckt Matilda jetzt den Kopf mit nach vorn gerichteten Ohren vor und nähert sich schnuppernd Ninas Nase. Diese tut desinteressiert und drückt ihr Kinn an die Brust, die Ohren ein wenig zur Seite gedreht. Dabei knickt sie in den Vorderpfoten leicht ein.
Matilda hingegen ist sehr selbstsicher, macht sich sozusagen groß und bewegt ihren Schwanz hin und her. Nina geht ein wenig auf Distanz und tatzelt der sich aufplusternden Gefährtin über den Kopf. Jetzt kann Matilda sich entscheiden. Setzt sie sich ruhig hin und geht dann nach angemessener Zeit ihrer Wege, verläuft die Annäherung für diesmal im Sande. Sie ist jedoch auf Angriff »gebürstet«, duckt sich im rechten Winkel vor Nina hin, ohne sie aus den Augen zu lassen, und wirft sich dann auf sie drauf. Die hat natürlich die »Sprache« verstanden und sich entsprechend gewappnet. Entweder geht sie auf die Balgerei ein, oder sie hüpft auf ein erhöhtes Plätzchen und faucht von dort ihre Angreiferin an.

Lautsprache

Das Schnurren einer Katze kennt jeder. Es ist die Laut gewordene Behaglichkeit und geradezu Sinnbild für allgemeines Wohlbefinden. Auch das Miauen gehört zur Katze wie der Fisch ins Wasser. Es erklingt in allen Tonlagen und Abstufungen, zum Beispiel wenn sich ein kleines Kätzchen verlassen fühlt oder eine erwachsene Katze unzufrieden ist. Daß oft die zierlichsten Katzen die lautesten Schreihälse sind, während manch ein imposanter Katerherr nur

Zu den Bildern:
Das Spiel mit der Beute. Bevor eine Katze den Tötungsbiß anbringt, pflegt sie ihr Beutetier mit schnellen Tatzenschwingern zu traktieren, es spielerisch zu fangen und wieder laufen zu lassen. Dies hat nichts mit Grausamkeit zu tun, sondern ist die natürliche Verhaltensweise einer Katze, die sich ihrer selbst nicht ganz sicher ist.

über ein ganz zartes Stimmchen verfügt, ist eben die sprichwörtliche Laune der Natur.
Eine Art Plaudersprache in vielen Variationen ist das Gurren, das Katzen zu allen möglichen Lebenslagen parat haben. Der verliebte Kater lockt damit die rollige Katze und umgekehrt. Regelrecht zu schnattern und mit den Zähnen zu klappern pflegen Katzen hingegen, wenn eine Beute für sie unerreichbar ist. Da haben sie, durchs Fenster blickend, auf dem gegenüberliegenden Balkon einen Vogel entdeckt, und fangen nun vor lauter unerfüllter Beutegier zu meckern an.
Mit Fauchen, Spucken und Knurren wollen Katzen den Gegner fernhalten, während das langgezogene an- und abschwellende Heulen, der sogenannte Katergesang, als Drohung vor einem Kampf ausgestoßen wird. Es ist also falsch, ihn als »Liebeslied« zu interpretieren.
In den höchsten Tönen kreischen Katzen, wenn der Gegner sich als stärker erweist und sie sich ihrer Haut wehren müssen.

Eine ruhige und ausgeglichene Katze zeigt einen freundlichen und entspannten Ausdruck mit nach vorne gerichteten Ohren und je nach Helligkeit blinzelnden Augen.

Das Zeichen zur Konfrontation zwischen zwei Katern ist grundsätzlich gegenseitiges Anstarren. Das sich in der Verteidigung befindliche Tier duckt sich, während der Angreifer vordringt.

Die Katze geht ihre eigenen Wege
Der englische Dichter Rudyard Kipling hat zwar in seinem Märchen »Die Katze, die für sich allein ging« das Wesenstypische dieser Tiere in eine vollendete literarische Form gebracht, doch in einem Punkt irrt er, wenn er schreibt: »Aber danach und auch zwischenhinein und wenn der Mond aufgeht und die Nacht anbricht, dann geht die Katze ganz alleine für sich spazieren, und ein Ort ist für sie wie der andere.« Sie macht sehr wohl Unterschiede zwischen dem einen und dem anderen Ort, und trotz ihres ausgeprägten Individualismus', pflegt sie Kontakte, aber eben auf ihre diskrete kätzische Art.

Das Heim erster Ordnung
Unter diesem Begriff, den die Verhaltensforscher geprägt haben, versteht man den Ort, den die Katze im eigentlichen Sinne bewohnt. Es sind dies die Wohnräume der Menschen, nicht nur für die Wohnungskatzen, sondern für alle, die Auslauf ins Freie haben, oder auf dem Bauernhof der Heuboden oder Stall. Hier haben sie sich mehrere sichere Ruheplätze auserkoren, die sie am liebsten allein »besitzen« (→ Die Wohnungskatze, Seite 18). Dieses Heim mit anderen Bewohnern teilen zu müssen, mit »ihrem« Menschen oder mit anderen Katzen, macht ihnen nichts aus, solange genügend Platz da ist, einander je nach Stimmung aus dem Weg zu gehen.
Zu ihrem »persönlichen Eigentum« zählt die Katze durchaus noch die nähere Umgebung, den Garten zum Beispiel, den Hofraum, den ein Wohnblock umschließt, auch wenn er mit Mauern abgeteilt ist, die Wiesen und Wege um den Bauernhof herum.
Meine Katzen, die an regelmäßige »Sommerfrischen« in einem Haus

mitten in einem italienischen Dorf gewöhnt sind, haben dort die Grenzen ihres Heims erster Ordnung genau abgesteckt. Für Nina verlaufen sie auf den unteren Stufen der Eingangstreppe. Matilda hat sich dazu noch ein Mäuerchen einverleibt, auf das sie nur über die Treppe gelangen kann. Selbstverständlich wird dieses Sprungbrett in unserer Abwesenheit auch von den anderen Katzen der Piazza benutzt, doch solange die Deutschen da sind, machen die Einheimischen einen Bogen darum herum.

Nachbars Garten: Bei diesem Problem kommen sich die Nachbarn aus unterschiedlichsten Gründen ins Gehege. Da es sowohl Urteile gibt, in denen ein Gartenbesitzer seinen Nachbarn nicht zwingen kann, seine Katze im Haus zu halten, nur weil sie Vögel jagt, mal einen Fisch aus dem Gartenteich holt oder Spielkästen verschmutzt, als auch solche, die genau das Gegenteil besagen, möchte ich Sie bitten, die Sache genauso im Vorfeld zu klären wie bei der Katzenhaltung in der Wohnung (→ Seiten 4 bis 6).

Das Revier

Sicherlich ist Ihnen auf Ihren Landspaziergängen schon die eine oder andere Katze begegnet. Ruhig hockte sie unter einem Gebüsch am Wegesrand oder sah nur mit dem Kopf und den gespitzten Ohren aus dem hohen Gras auf der Wiese nebenan hervor. Ohne es zu wissen, folgten Sie einem der Pfade, die die Katze auf ihren Streifzügen in ihrem Revier benutzt. Das ist je nach Unternehmungslust mehr oder weniger weitläufig und von einem engmaschigen Wegnetz durchzogen, auf dem sich die Katze zu ihren Jagdgründen begibt, zu heimeligen Schlupfwinkeln oder zu sonstigen Treffpunkten.

Auch die anderen Katzen der Gegend benutzen diese Trampelpfade, aber möglichst nicht zur selben Zeit. Sich persönlich zu begegnen, wird nicht geschätzt. Entdeckt die eine Katze die andere auf ihren Ausflügen, behält sie sie zwar im Auge, geht womöglich in sicherer Entfernung neben ihr her, vermeidet aber tunlichst, daß sich ihre Wege kreuzen. Tun sie es dennoch, bleiben sie in höflicher Entfernung voneinander sitzen und warten so lange, bis sich eine dazu entschließt, den Weg fortzusetzen. Oder sie trollen sich in entgegengesetzte Richtungen.

Angriffslustig sind die Ohren nach hinten gedreht.

Bei Abwehrbereitschaft klappen die Ohren seitlich weg, die Pupillen erweitern sich.

Katerkämpfe

Wenn Kater miteinander kämpfen, geht es entweder um die Rangfolge oder um ein Weibchen. Wie oft konnte ich in meinem italienischen Ferienort, in dem sich viele Kater das Revier teilen, folgenden Ablauf beobachten:

Ein schmutzigweißer Kater mit eingerissenem Ohr und einem Gesicht, das so aussieht, als habe er es bis über die Nase in Asche gesteckt, entdeckt, daß sein Rivale, ein kartäuserblauer, schlanker, eleganter Casanova, über die Piazza schlendern will. Sofort drückt er die Beine durch und nähert sich mit gesträubtem »Rückenkamm« und

In der Auseinandersetzung zwischen Katern signalisieren Ohren und Schwanz, ob es wirklich zum Kampf kommt. Gleich wird der rechte Kater losspringen, um den anderen in den Nacken zu beißen.

Ganz schön weit weg, das andere Ende.

Frisch gewagt...

hakenartig abgebogenem Schwanz seinem Gegner. Der macht dasselbe, und im Zeitlupentempo kommen sie aufeinander zu. Die Ohren sind steil aufgerichtet und nach hinten gedreht, die Pupillen verengen sich. Zugleich läßt Aschnase seinen auf- und abschwellenden Katergesang ertönen, in den Casanova kurzerhand einstimmt. Jetzt stehen sie dicht voreinander und wenden die Köpfe hin und her, wobei sie sich nicht aus den Augen verlieren. So verharren sie viele Minuten lang, jaulen und miauen, knurren und grollen und weichen keinen Zentimeter. Nur die Schwanzspitzen zucken immer erregter hin und her. Plötzlich fährt Aschnase los und versucht, Casanova in den Nacken zu beißen. Der wirft sich blitzschnell auf den Rücken, pariert mit Zähnen und Krallen, und im nächsten Augenblick wälzen sich die beiden wild kreischend am Boden. Ebenso rasch fahren sie wieder auseinander und stehen sich erneut drohend gegenüber. Das wiederholt sich noch mehrere Male. Dann gibt Casanova auf und drückt sich mit angelegten Ohren an den Boden. Aschnase zeigt noch ein paar Drohgebärden, dann verläßt er steifbeinig als Sieger die Kampfstätte. In gebührendem zeitigem Abstand macht sich dann auch Casanova aus dem Staube.

Katzenversammlung

Immer wieder sind Katzen für Überraschungen gut. So auch in dem Punkt der Einzelgängerschaft, die ihnen ja auf Schritt und Tritt nachgesagt wird. Überhaupt nicht eigenbrötlerisch, sondern geradezu in hellen Haufen bevölkern sie zum Beispiel das römische Kolosseum. Was sich hier wider alle kätzische Erfahrung abspielt, ist sicherlich genauso ungewöhnlich wie die Katzenversammlung. Denn bei Nacht begibt sich die Katze, wenn sie dazu die Gelegenheit hat, zu heimlichen Treffpunkten. Kater und Katzen sitzen dort einträchtig zusammen, manchmal sogar auf Fellfühlung, belecken sich oder reiben die Köpfe aneinander. Nichts deutet auf irgendwelche Feindseligkeiten hin, es sei denn, man kommt sich allzu nahe. Die Gesichter sind »still und friedlich, ja sogar ausgesprochen freundlich«, wie der Katzenverhaltensforscher Paul Leyhausen

ist leider nicht halb gewonnen.

Lieber wieder zurück auf sicheren Boden.

schreibt. Sonst passiert weiter nichts, und wenn dann ein paar Stunden vergangen sind, manchmal auch die ganze Nacht, löst sich die Versammlung wieder auf.

Die Bruderschaft der Kater

Auch diesen Begriff hat Leyhausen geprägt. Gemeint ist damit die formale Rangordnung, die in einem Gebiet unter Katern herrscht. Junge Kater genießen in dieser Bruderschaft bis zu einem gewissen Alter eine Art Schonfrist. Sie werden aufgenommen, ja mitunter regelrecht abgeholt, aber in keinerlei Kämpfe verwickelt. Es ist, als gebe man ihnen Zeit, sich an die Unbilden eines Katerlebens zu gewöhnen.

Als mein Hauskater Morellino, noch nicht einjährig, in die italienische Katergemeinschaft einbrach, war dieses ganz spezielle Verhalten genau zu beobachten. Die Einheimischen, etwa fünf an der Zahl, hatten sich in der Dämmerung in einem weiten Rund um das Haus versammelt, und Morellino ging auf jeden einzelnen zu, täppisch verspielt, wie ich meinte. Doch sie ließen ihn gewähren, »grinsten« freundlich, beschnupperten ihn und »schleppten« ihn dann ab. Jedenfalls blieb er die nächsten drei Tage verschwunden, und als er wiederkam, sah er glänzend und wohlgenährt aus, und kein Härchen war ihm gekrümmt. Ganz anders sah die Sache aus, als Morellino sich ein Jahr später als inzwischen ausgewachsener, allerdings kastrierter Kater wieder in der Gegend einfand. Diesmal hatte er es mit dem Nachbarkater zu tun, einem noch ziemlich jungen getigerten Tier, das aber schon sehr selbstbewußt das kleine Geviert der Piazza beherrschte. Da Pucci ja selbst vorerst noch ein Halbstarker war, gingen ihm die anderen Kater weder ans Fell, noch schienen sie ältere Revieransprüche geltend zu machen. Und nun tauchte Morellino auf, der, wie es seine kommunikative Art war, alsbald auf Pucci zubummelte. Sie berührten sich mit den Schnauzen, dann wandte der Getigerte sich ab, spritzte gegen den nächsten Blumentopf und »haute« sich scheinbar lässig mitten auf den Platz. Hier war nicht nur die Rangordnung geklärt, sondern auch herauszulesen, daß Morellino als Rivale sozusagen nicht in Frage kam.

Zu den Bildern:
Katzenturnen. Schon mit sechs Wochen trainieren Kätzchen für ihr späteres Leben als Jägerin von kleinen und wendigen Beutetieren. Dazu gehören auch absolute Körperbeherrschung und Geschicklichkeit selbst auf kleinstem Raum.

Gesundheitsstörungen

Das fällt auf	Mögliche Ursachen, bei denen Sie selbst Abhilfe schaffen können
Sitzt lustlos herum	Langeweile, keine Anregung zum Spielen
Frißt nicht	Ablehnen des vorgesetzten Futters
Erbrechen	Fressen von Gras, beim Putzen verschluckte Haare, zu gierig hinuntergeschlungenes oder zu kaltes Futter
Speicheln	starke Erregung
Übler Mundgeruch	unmittelbar nach dem Fressen, zum Beispiel von Fisch
Ständig durstig	scharf gewürzte Essensreste
Durchfall	falsche Ernährung (Milch, rohe Leber, sauer gewordenes Futter)
Frißt übermäßig	Nachholbedarf nach ein paar Streuntagen oder nach einer Geburt
Pressen ohne Absetzen von Kot oder Urin	Probleme beim Kotabsatz durch Bewegungsmangel oder falsche Ernährung
Augen tränen	Bindehautentzündung durch Zugluft oder z. B. scharfe Putzmittel
Niesen	Reizung der Nasenschleimhaut, Allergie
Husten	Verschlucken
Beschleunigtes Atmen	Hecheln bei großer Hitze, Schock, Angst oder Streß
Kratzen	Putzen und Reinigen des Fells
Nickhautvorfall, bei dem das dritte Augenlid das Auge teilweise bedeckt	häufige Erscheinung, die auf Unwohlsein schließen läßt; einseitig angeschwollen durch Verletzung des Auges nach einem Kampf
Schütteln und/oder Schiefhalten des Kopfes	
Bluten	kleine Hautwunde

larmzeichen, wenn diese ymptome hinzukommen	Mögliche Diagnose und sofortige Behandlung durch Tierarzt
äufiges Erbrechen oder Durchfall mehr als 24 Stunden, Atembeschwerden, reislaufkollaps	ungewiß, Virusinfektion, Vergiftung, bakterielle Infektion
rbrechen oder Durchfall	alles möglich
pathie, Durchfall	Wurmbefall, Vergiftung (zum Beispiel durch Pflanzen), Virusinfektion
rißt kaum	Zahnstein, Zahnfleischentzündung
rbrechen, Zittern, peicheln	Infektion der Mundhöhle, Zahnfleischerkrankung, Magenverstimmung, Vitamin-B-Mangel
ewichtsverlust, Erbrechen	Nieren- oder Lebererkrankung, Diabetes
lutiger Kot, Erbrechen	Virusinfektion, Wurmbefall, bakterielle Infektion
hmfarbener Kot, struppiges Fell, Abmagerung	Wurmbefall, Erkrankung der Bauchspeicheldrüse
tößt Schmerzenslaute aus	Verstopfung, Mastdarmverschluß, Blasen- und Harnleiterentzündung
itriger Ausfluß	eitrige Bindehautenzündung, Augenverletzung, Katzenschnupfen
ieber, Atembeschwerden, lusten	Erkältung, Virusinfektion
chleimauswurf, Fieber, tembeschwerden	Erkältung, Bronchitis, Virusinfektion, Fremdkörper im Rachen
ieber, Husten	Infektion der Atemwege, Brustkorb-, Lungenverletzung nach einem Unfall
ratzen dauernd am anzen Körper	Ohrmilben, Flöhe, Läuse, Hautentzündungen
ugenausfluß	Verletzung, Infektion, Fremdkörper im Auge, Tumor
ratzen nur hinterm Ohr, chmerzen	Ohrmilben, Mittelohrentzündung
lut aus Maul, Darm, Scheide, enis oder großer Wunde	Infektion von Darm, Gebärmutter und Blase, Kampfverletzung, Unfall

Adressen und Literatur

Katzenverbände und ihre Adressen

1. Deutscher Edelkatzenzüchterverband (1. DEKZV), Berliner Straße 13, 35614 Aßlar

Deutsche Rassekatzen Union e.V. (DRU), Hauptstraße 56, 56814 Landkern

Österreichischer Verband für die Zucht und Haltung von Edelkatzen (ÖVEK), Liechtensteinstraße 126, 1090 Wien, Österreich

Klub der Katzenfreunde Österreichs (KKÖ), Castellezgasse 8/1, 1020 Wien, Österreich

Fédération Féline Helvetique (FFH), Solothurnerstraße 83, 4053 Basel, Schweiz

Fédération Internationale Féline (FIFe), Boerhaevelaan 23, 5644 BB-Eindhoven, Holland

Fragen zur Katzenhaltung beantwortet:

Ihr Zoofachhändler oder der Zentralverband Zoologischer Fachbetriebe Deutschlands e.V., 63225 Langen, Telefon: (06103) 910732 (nur telefonische Auskunft)

Krankenversicherung für die Katze

Uelzener Allgemeine Versicherungsgesellschaft AG, Postfach 2163, 29511 Uelzen

Zeitschriften in deutscher Sprache

»*die Edelkatze*«, Illustrierte Fachzeitschrift für Katzenfreunde, Verbandszeitschrift des 1. DEKZV; Berliner Straße 13, 35614 Aßlar

»*Katzen extra*«, Symposion Verlag, Otto-Volger-Str. 7 b, 65843 Sulzbach/Ts.

»*Das Tier*«, Hallwag Verlag, Brunnenwiesenstraße 23, 73760 Ostfildern

Literatur

(falls nicht im Buchhandel, dann in Bibliotheken erhältlich)

Behrend, K.: *Die Wohnungskatze richtig pflegen und verstehen.* Gräfe und Unzer Verlag, München

Behrend, K.; Wegler, M.: *Der große GU Ratgeber KATZEN.* Gräfe und Unzer Verlag, München

Deiser, R.: *NaturheilPraxis Katzen. Schnelle Selbsthilfe durch Homöopathie und Bach-Blüten.* Gräfe und Unzer Verlag, München

Frohne, D.; Pfänder, H. J.: *Giftpflanzen.* Wissenschaftliche Verlagsanstalt m.b.H., Stuttgart

Jude, A.C.: *Cat Genetics.* FH Publication

Leyhausen, P.: *Katzen – Eine Verhaltenskunde.* Parey Verlag, Berlin

Morris, D.: *Catwatching.* Heyne Verlag, München

Müller, U. und H. A.: *Die kranke Katze – Erste Hilfe – Behandlung – Pflege.* Gräfe und Unzer Verlag, München

Müller, U.: *Mein Heimtier DIE KATZE.* Gräfe und Unzer Verlag, München

Müller, U.: *Perserkatzen richtig pflegen und verstehen.* Gräfe und Unzer Verlag, München

Robinson, R.: *Genetics for Cat Breeders.* Pergamon Press

Taylor, D.: *Meine Katze.* Südwest Verlag, München

Teichmann, P.: *ABC der Katzenkrankheiten.* Natur-Verlag, Augsburg

Walter, S. und Wright, M.: *Katzen.* Mosaik Verlag, München

Wolff, R.: *Katzen.* Ulmer Verlag, Stuttgart

Aus Liebe und Verantwortung

Heimtiere machen nicht nur Kindern, sondern der ganzen Familie viel Freude. Und ob Hund, Hamster oder Wellensittich – wer sich einmal an den kleinen Liebling gewöhnt hat, möchte ihn nicht mehr missen. Deshalb ist es wichtig, über die Bedürfnisse der Tiere wirklich Bescheid zu wissen. Die **GU Tier-Ratgeber** – von anerkannten Autoren geschrieben – sind ideal als Helfer bei der artgerechten Haltung mit Herz und Verstand. GU Ratgeber gibt es zu allen beliebten Tierarten. Sie sind auch für Kinder geeignet, die ihr Tier selbst versorgen wollen.

3-7742-3330-6

3-7742-1250-3

3-7742-5918-6

3-7742-2065-4

3-7742-5895-3

Mehr draus machen
Mit Gräfe und Unzer

GU GRÄFE UND UNZER

Änderungen und Irrtum vorbehalten.

Sachregister

mit Fachworterklärung

Die **halbfett** gesetzten Seitenzahlen verweisen auf Farbfotos und Zeichnungen. U = Umschlagseite.

Wichtige Hinweise
Beim Umgang mit Katzen kann es durch Kratzen und Beißen zu Verletzungen kommen. Lassen Sie solche Verletzungen sofort vom Arzt versorgen.
Lassen Sie bei Ihrer Katze unbedingt alle notwendigen Schutzimpfungen und Entwurmungen (→ Seite 30/31) ausführen, da sonst eine erhebliche gesundheitliche Gefährdung von Mensch und Tier möglich ist. Einige Krankheiten und Parasiten sind auf den Menschen übertragbar (→ Seite 31/32). Zeigen sich bei Ihrer Katze Krankheitszeichen (→ Tabelle, Seite 58/59), sollten Sie unbedingt einen Tierarzt zu Rate ziehen. Gehen Sie im Zweifelsfall selbst zum Arzt und weisen Sie ihn auf die Katzenhaltung hin.
Es gibt Menschen, die allergisch auf Katzenhaare reagieren. Fragen Sie im Zweifelsfall vor der Anschaffung Ihren Arzt.
Es besteht die Möglichkeit, daß Katzen Schäden an fremdem Eigentum anrichten oder gar Unfälle verursachen. Ein ausreichender Versicherungsschutz liegt im Eigeninteresse; Sie sollten auf jeden Fall haftpflichtversichert sein.

Die Fotos auf dem Buchumschlag:
Umschlagvorderseite: Hauskatze.
Umschlagseite 3: Geglückte Tierfreundschaft.
Umschlagrückseite: Perser Shaded-Golden.

Die Fotografen:
Dalton/NHPA: S. 28; Geduldig: S. 49; Hinz: S. 8, 9, 40, 41, 44 u.; Junior/Caspersen: U1; Kronmüller/IFA: S. 17; Skogstad U2, S. 52, 53; Tony Stone: S. 16; Wegler: alle übrigen Bilder.

Inhaltlich unveränderte Ausgabe der 4. Auflage.

Redaktionsleitung: Hans Scherz
Stellvertretende Redaktionsleitung: Renate Weinberger
Herstellung: Manfred Lüer
Produktion: Helmut Giersberg
Umschlaggestaltung: Heinz Kraxenberger
Druck und Bindung: Stürtz

ISBN 3-7742-1250-3

Auflage 12. 11. 10.
Jahr 99 98 97